ブックレット《アジアを学ぼう》別巻⑮

宣教と改宗

南米先住民とイエズス会の交流史

金子亜美

風響社

宣教と改宗——南米先住民とイエズス会の交流史

金子亜美

はじめに——東方三賢人の贈り物

イエス・キリストの降誕を祝いに訪れた東方三賢人について、新約聖書が語る出来事はよく知られている。それは、天体の運行から救世主の誕生を知った占星術の学者たちが、乳香と没薬《もつやく》、そして黄金を携えて幼子イエスを訪問したというものである〔日本聖書協会　一九八七、一九八八：マタイによる福音書　二章一一節〕。この聖書の出来事は数多くの芸術家や作家に対して霊感を与え続けてきた一方で、実はその痕跡が海を隔てた南米先住民の神話にもみられる。

ボリビア東部低地からブラジル西部にかけての国境地帯に、チキトス地方と呼ばれる地域がある。一七世紀末から一八世紀にかけて、そこに暮らす人々はイエズス会宣教師との共同生活を通してキリスト教化し、敬虔なカトリック信徒としての時を重ねてきた。興味深いことに、彼らは今日、自らがキリスト教典礼で演奏する楽器の起源を、この東方三賢人の出来事になぞらえて語ることがある。それは、東方三賢人の到来を記念する一月六日の公現日（カトリック教会の祝祭日）に行われる、先住民言語での儀礼的発話「説教 *sermón*」のなかで繰り返し語られてきた。聖書にある東方三賢人の贈り物が乳香と没薬、そして黄金の三点であったことに注意して、「説教」の一部をまとめた次の一節を読んでみてほしい。

> 天体の運行から幼子イエスの降誕を知った東方三賢人が、贈り物に楽器を携えて出かけた。イエスのもとへ到着すると、メルキオールは横笛を、ガスパールは太鼓を、そしてバルタザールはパンパイプを演奏してともに歓んだ。さらに天使たちも到着して、ヴァイオリンを演奏し始めた。それが今日、キリスト教典礼で演奏される楽器の起源となった。

この一節では、聖書に記された二〇〇〇年前のベツレヘムでの出来事に即して、今日チキトス地方のキリスト教典礼で用いられる楽器の起源が語られている。彼らにとってこの起源とは何なのだろうか。なぜ乳香と没薬、そして黄金ではなく、楽器なのか。しかもその楽器のなかには、明らかにヨーロッパ由来の楽器であるヴァイオリンまでもが挙げられている。この一節は、チキトス地方の先住民がキリスト教の正統的な教理を受け取り損ねたことを示す例にすぎないのだろうか。

結論を先取りすれば、筆者はむしろこの一節を、チキトス地方の先住民が経験してきた長年にわたるキリスト教との交渉の歴史の産物であると考えている。イエズス会士との邂逅以来、チキトス地方は、ローマ・カトリック教会の階層的な組織のなかでほとんど常に公的な地位を与えられてきた。今日当地に暮らす人々も、足繁く教会へ通い、教会暦に添いつつ「説教」のような実践や音楽演奏を行っているのである。

本書は、こうした交渉の歴史、一七世紀から一八世紀にかけてチキトス地方の先住民が経験したキリスト教化の過程を紐解くものである。それによって、一見捉えどころのない先の「説教」の意味が明らかになると思われる。

一　スペイン領南米における先住民のキリスト教化とチキトス地方

1　植民地支配と先住民のキリスト教化

先住民のキリスト教化は、アメリカ大陸の「発見」とその軍事制圧による植民地支配が確立しつつある一六世紀後半以降、スペインやポルトガルによる公式事業の一つとして展開した。両国にとって、福音宣教による先住民の魂の救済という名目は、この大陸の征服と植民地化を正当化するものであった。同時にカトリック教会側も、その世俗化や腐敗に対する不満から起こった宗教改革の渦中にあり、植民地の住人への布教に活路を見出した。こうして国家と教会の利害が一致し、先住民のキリスト教化は公式の事業として位置付けられることになったのである。その際先住民への宣教に直接従事する組織として、フランシスコ会やドミニコ会、聖アウグスティヌス会、イエズス会などの修道会が各地へと派遣された。とりわけ一七世紀以降、植民地行政の中心から遠く離れた地へと征服の前線を拡大するにあたり、これら修道会は布教のみならず各地方における世俗的な役割も任されるようになった。この体制のことをミッション、スペイン語では「ミシオン *misión*」と呼ぶ［cf. 齋藤　二〇〇九］。

2　宣教の概史とチキトス地方のイエズス会布教区

南米大陸の低地、パラグアイ川上流域に広がるチキトス地方への探査は、アスンシオン建設直後の一五四〇年代から開始され、一五五〇年代にかけてその領域を広げていった。一五五七年から一五五九年にかけてニュフロ・デ・チャベスの探検隊がパンタナル湿地帯の西側からグアパイ川周辺地域を探査した折、彼らは先住民言語グアラニ語を話す人々によって「タプイ・ミリ *tapuy miri*」と呼ばれていた集団に接触した。「タプイ・ミリ」とは「取るに足

図1　17—18世紀の南米大陸と主なイエズス会ミッション

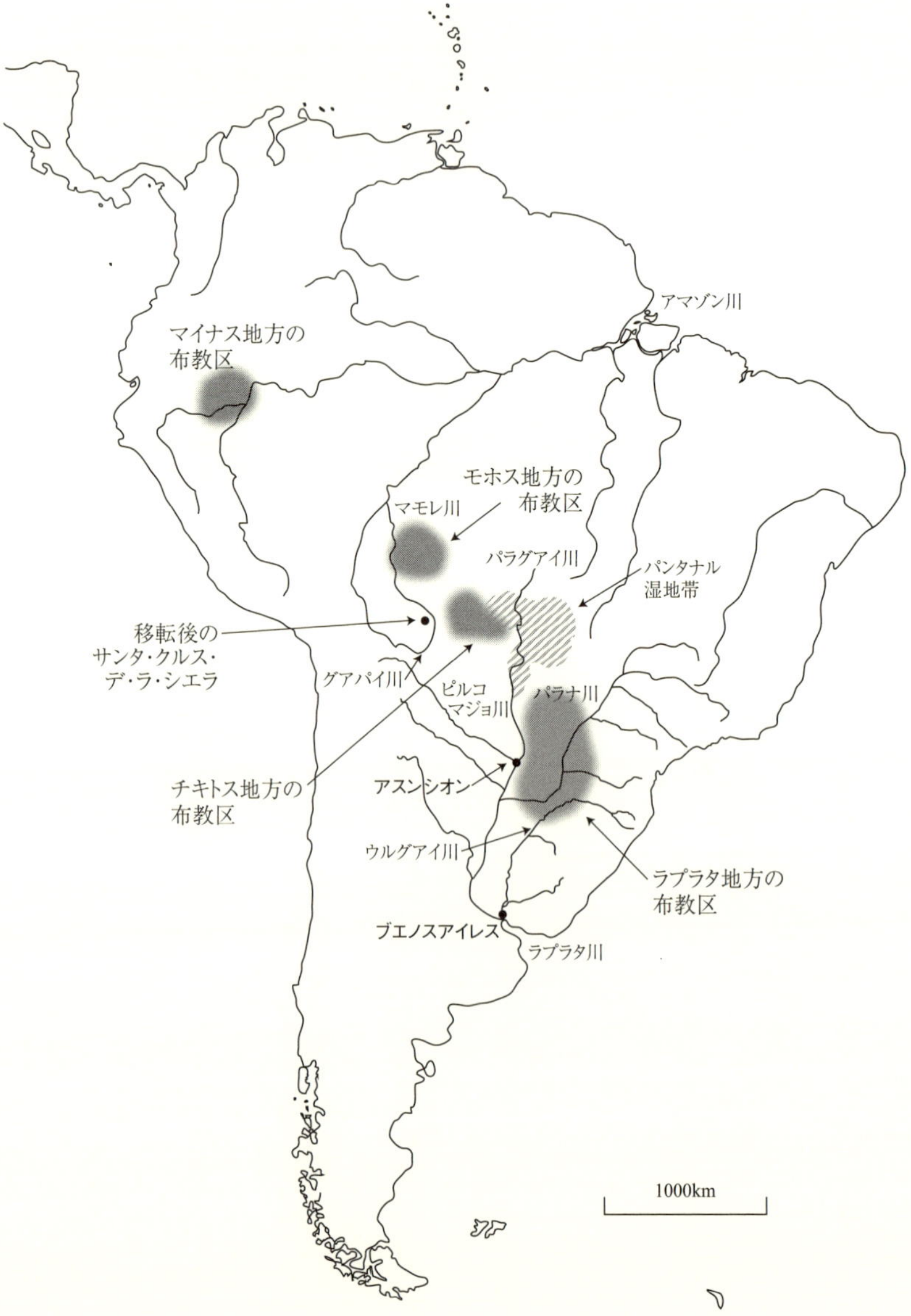

らない奴隷」という意味の他称であるが、実際は毒矢を用いる好戦的な集団として広く知られていた。この「タプイ・ミリ」という語が、「チキトス（小さき者たち）」というスペイン語に翻訳された。これは、スペイン語の形容詞「チキトス *chiquitos*」（男性複数形）を名詞的に用いたものである。これ以来、タプイ・ミリは「チキトス」として広く知られるようになった。つまり「チキトス」とは元来、この広大なパラグアイ川上流域に居住する数ある先住集団のうちの一集団の、スペイン語による他称にすぎなかったのである。やがて「チキトス」という名称は、タプイ・ミリが話す言語を指すためにも用いられるようになり、さらには、タプイ・ミリが話す言語も「チキトス」と呼ばれるようになった。その言語の中には、タオ、ピニョコ、ペノキ、マナシと呼ばれる四つの言語変種も含まれていた［cf. Martínez 2015］。さらにこの語は、これらの人々が居住するパラグアイ川上流域を漠然と示す地名としても用いられるようになった。

一五六一年にはこの地域の交易の拠点として、現ボリビアのサン・ホセ市近郊に、都市サンタ・クルス・デ・ラ・シエラが設立され、一五八七年にはイエズス会士も入植している。しかし主な交易路であったパラグアイ川の両岸を好戦的な先住民が取り囲んでいたこともあり、この都市は一六二一年までに約二五〇キロ西方へと移され、現ボリビアのサンタ・クルス県庁所在地となった。このときから旧サンタ・クルス・デ・ラ・シエラ周辺地域は、ほぼ一世紀にわたって植民地行政から忘却されることとなる［Combès 2012: 205-206］。

この内陸の辺境地帯に植民地化と宣教の波が再び本格的に及び始めるのは、干ばつや飢饉、スペイン人やポルトガル人奴隷商人の襲撃が当地の先住民を苦しめていた一七世紀後半頃のことである。チキトス地方に暮らす先住民集団ピニョカが西方の新サンタ・クルス・デ・ラ・シエラのスペイン人総督に謁見し、自分たちを脅威から保護してくれる宣教師を乞い求めた。この要望は、ポルトガルとの国境警備に先住民を動員したい本国スペインの思惑とも一致し、かくしてチキトス地方への宣教師の派遣が決定された。担当することになった修道会は、日本で宣教活

図2　今日のボリビアとサンタ・クルス県、そしてチキトス地方の各布教区（括弧内は成立年）

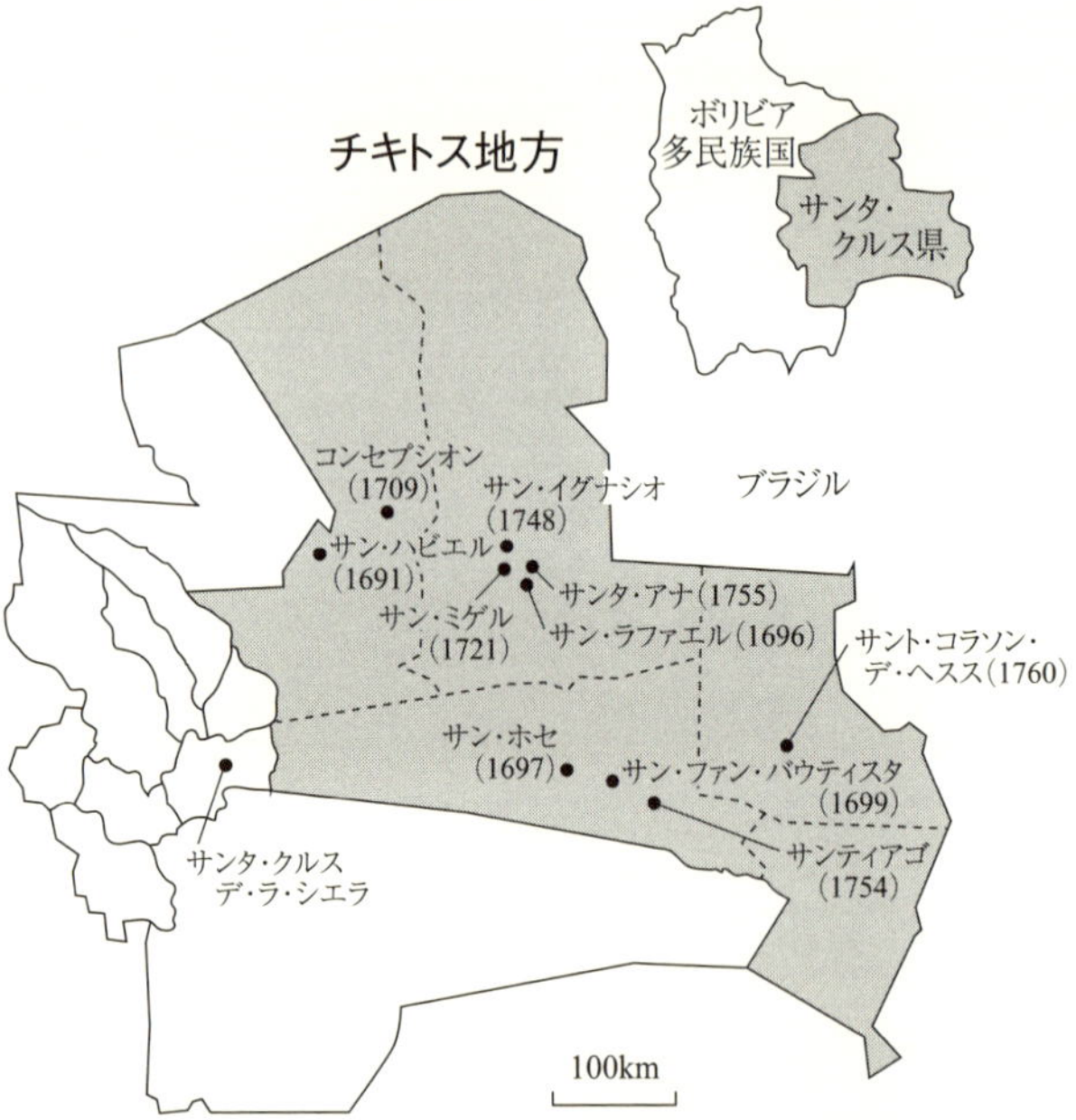

動を行ったフランシスコ・ザビエルも属したイエズス会である。すでに南米のラ・プラタ地方での宣教で成功を収めていたイエズス会は、チキトス地方をはじめモホス地方、マイナス地方といった、植民地行政の中心から遠く離れた地域にも多くの宣教師を派遣した。こうしてチキトス地方の多くの先住民も一六九一年から一七六七年のあいだ、イエズス会士が各地に築いた先住民のための町「布教区」に定住するなかで、キリスト教徒として生きていくことになる。この時設立された一〇の布教区、すなわちサン・（フランシスコ・）ハビエル、サン・ラファエル、サン・イグナシオ、サン・ミゲル、サン・ホセ、サン・ファン・バウティスタ、サンタ・アナ、サンティアゴ、コンセプシオン、サント・コラソン・デ・ヘススを総称して、「チキトス地方のイエズス会布教区」と呼ぶ。

なお、スペイン語では布教区も「ミシオン *misión*」と呼ばれることが多いが、本書では、辺境地帯の先住民を共住させそこで布教を行うという修道会主導の体制のことを「ミッション」と呼び、そのために作られた空間のことを「布教区」と訳し分ける。

ペルー副王フランシスコ・デ・トレドの治世下で大規模に行われた先住民の集住化政策、「レドゥクシオン *reducción*」のモデルを踏襲しつつも［Saito y Rosas Lauro (eds.) 2017］、ミッションは植民地行政の意思決定から比較的自律した体制でもあった［cf. Wilde 2016］。辺境地帯にある各布教区で暮らすイエズス会士は原則二名ずつで、彼らが先住民の宗教生活のみならず、司法や行政、経済、医療、衛生などあらゆる面で責任を負わねばならなかった。この体制は一七六七年、王室によるイエズス会の追放をもって唐突に終了してしまうが、その後ラ・プラタ地方など廃墟となった布教区も多いなかで［cf. 伊藤 二〇〇二］、チキトス地方のすべての布教区が、多くの人の居住地として今日まで存続していることは特筆すべき事実である。(1)

3　キリスト教化を通じた混交の歴史

本書は、チキトス地方のイエズス会布教区における先住民のキリスト教化の歴史を扱うものである。キリスト教化や改宗といったとき、ある信仰から別の信仰へという、個人の心のあり方の変化を想定する向きもあるかもしれない。それに対して本書では、チキトス地方でのキリスト教化の過程が、宣教師と先住民のあいだの実際の相互行為を通じて進行したという事実に着目する。本書を通して詳しくみるように、チキトス地方では、宣教師と先住民が互いに声を交わし、互いの儀礼的所作を模倣し合い、ときに互いの実践を混交させることによって、キリスト教化が進んでいったからである。

ここで、実際に両者のあいだで交わされた具体的な相互行為の記述に入る前に、まずは、接触前の状況をそれぞれ概観しておく必要があるだろう。そのため次節では、イエズス会、ひいてはカトリック教会が南米大陸の住民との接触をどのように構想していたのかを検討する。次に第三節では、接触前後のチキトス地方における先住民の生活を、イエズス会士が残した史料をもとに記述する。その上で、第四節で実際に行われた接触の出来事を概観し、最後に第五節で布教区での生活を通したキリスト教化を具体的にみていく。その歴史を通して、互いが互いの実践を絶えず模倣し混交させていった、キリスト教化の過程が明らかになるだろう。

二　先住民への宣教に関するカトリック教会の構想

1　先住民との接触

一八世紀パラグアイにおけるイエズス会の宣教活動を描く映画作品に、一九八六年に英国で公開された映画『ミッション』がある。暴力的なスペイン人征服者を警戒する先住民は、福音を伝えにきた宣教師をも死に至らしめることがあった。イエズス会士である主人公ガブリエル神父も、武器を持った先住民たちに、ただ一人森のなかで取り囲まれてしまう。彼は緊張に身をこわばらせながらも、故国から携えてきたオーボエを取り出して奏で始める。威嚇されても演奏をやめない神父を、どこか興味深げに見つめている者もいる。すると先住民の一人が荒々しく神父に近づき、オーボエを取り上げ、真っ二つにして川のなかへと投げ捨ててしまう。ガブリエル神父が呆然としていると、別の先住民の男が楽器を拾い上げて彼に手渡し、その手を取って自分たちの居留地へ連れていくことにする。かくして、ガブリエル神父は彼らとともに布教区を築くことになるのである。字幕のないこのシーンに続いて、次のような英語のナレーションが流れるのは示唆的である。「音楽によって、イエズス会士は大陸の全てを征服しえたのです。」

イエズス会士が音楽をもって言葉の通じない先住民を征服しえたというこの表象は、実のところ南米大陸での宣教活動について述べた記録の端々に見受けられるものである［cf. Strack 1992: 18］。その意味を理解するためには、二つの背景を考慮する必要がある。第一に、現地語宣教というカトリック教会の規範、そして第二に、南米の低地社会を特徴付ける圧倒的な多言語状況である。

2　現地語宣教の規範と低地の多言語状況

現地語宣教の規範は、新約聖書の記述にもとづくものである。「使徒言行録」によれば、イエス・キリストの弟子たちは聖霊によって、非キリスト教徒の言語で福音を伝える力を授かった［日本聖書協会　一九八七、一九八八：使徒言行録　二章］。このことから、海外宣教に赴く人々には、現地で話される言語を習得することがしばしば義務付けられた。一六世紀後半以降に南米を訪れた宣教師も、布教地に赴く前に話者の多い言語の講座と試験を受けることとされた。さらに、こうした言語での教理問答集（キリスト教の教理教育のための手引書）や典礼書、講話集などの文書が次々に作成されていった［cf. 武田　二〇〇九］。

とはいえ、この原則が容易には守られえないような多言語状況が、低地社会で宣教師を待ち受けていた。パラグアイ川を北上しながら内陸へと進んでいった一六世紀植民地時代初期の探検家も、複数の異なる言語を話す様々な集団の名を記録にとどめている［cf. Combès 2012］。

植民地支配が安定し諸修道会が辺境地帯へ進出した一七世紀、あるいはその拡大をみた一八世紀に至っても、多言語状況は宣教師を悩ませ続けた。チキトス地方に赴いたイエズス会宣教師は多くの場合通訳を伴っていたが、それも通じない集団と出会うことも度々であった。当地での宣教を担当したパトリシオ・フェルナンデス神父は、一八世紀初頭の当地の言語状況について次のように記している。

本当に、宣教師たちの情熱をくじき、脅かそうとする最たるものは、これほどまでの言語的多様性なのです。

これらの村を一歩進むごとに、周りのどの集落ともずいぶん異なる言語を話す一〇〇家族程度の集落に突き当たるのですから。こんなにたくさん、信じられないほどの言語があるのです。一五〇以上の言語があって、それぞれのあいだにはスペイン語とフランス語の違い以上に大きな違いがあります［Fernández 1726: 36］。

先住民への宣教を先住民言語によって行うという方針、そして現地の多言語状況は、宣教師の活動に大きな制約を課した。そこで活動の初期には、必ずしも言語に頼らない手法が重視された。例えばイエズス会パラグアイ管区の各地では、聖人像や絵画が数多く持ち込まれ複製されることによって、先住民への宣教に役立てられていたという。こうした視覚芸術を用いた宣教の背景には、物質的刺激を通して精神と知性の発達を促すことができるという思考があったことが指摘されている。それに従えば、知的に劣った状態にあるとされる先住民でも、物質的なものを通して、その感覚的刺激を引き起こしている要因を理性的に推論することができるようになる、というわけである［Saito 2006、岡田・齋藤 二〇〇七］。

それでは、音楽を用いた宣教にはいかなる思想的背景があったのだろうか。

3　言語と音楽の使用をめぐるカトリック教会の思想史

そもそもカトリック教会自体に、典礼での音楽の使用法について長年議論を繰り広げてきた歴史がある。ここでその仔細を追うことはしないが、少なくとも一六世紀に大きな変動があったことは確認すべきだろう。特にカトリック教会の典礼に対して宗教改革が提起した問題としては、教会音楽に世俗的なジャンルや低俗な歌詞が入ってきていること、発達した多声音楽が言葉の意味を不明瞭にしてしまっていることなどがあった。こうした流れを踏まえ、初期のイエズス会では、典礼における音楽の使用を制限しようとする姿勢さえみられた。イエズス会創立者イグナティウス・デ・ロヨラ自身、典礼では音楽と舞踊を極力避けるよう明示的に述べたこともあった［O'Malley 1993: 159］。ところがこうしたイエズス会の姿勢も、一五五〇年代半ばまでには軟化していくことになる。その背景には、一五四五年から一五六三年にかけて開催されたトリエント公会議での決定や、世界各地における宣教を通じての実体験があった。トリエント公会議では、神を讃える言葉を掻き消してしまうことなく、人々の信仰心を深めることに貢献する限り、音楽の使用を奨励することが決定された［The Council of Trent 1848; cf. Loza de Guggisberg 2006］。また実際にイエズス会宣教師は、彼らが奏でる音楽を耳にしたときの現地人の驚きや熱狂に気がつき、宣教の道具としての音楽の効果を確信し、喧伝するようにさえなっていたのである。

南米にわたったイエズス会宣教師のあいだで、音楽の効果は次のような進化論的枠組みにしたがって理解された。例として、イエズス会士ホセ・デ・アコスタの記述を見てみよう。彼にとって南米大陸の住人は「野蛮人」であり、彼らにまずは「人」としての生活をさせ、そののちに「キリスト教徒」にする必要があると考えられた。

> 第一に野蛮人を教育し、人としての道を歩ませ、しかるのちキリスト教徒にすることである。この考え方はきわめて重要であり、インディオの魂の救済、あるいはその破滅に係わるすべてはこれに懸かっている。［中略］インディアスの未開で獰猛な人びとをまず人としての生活に導き、社会生活になじませることが統治者の第一の任務である。人間としてまず身につけなければならないものを蔑《ないがし》ろにする人に、神のこと、天上のことを教え諭《さと》すのは無駄である［アコスタ　一五八八（一九九二）：二六七］。

チキトス地方を訪れた宣教師のあいだにもこの思考はみられた。例えばパトリシオ・フェルナンデス神父は、当地の人々を「自分の胃袋以上の神を持つことも崇拝することもないし、できるだけ楽しく暮らすことしか考えておらず、まったくもって獰猛な獣のように生きています」と報告している〔Fernández 1726: 34〕。また一八世紀初頭のイエズス会パラグアイ管区長をつとめたフランシスコ・ブルヘスは、「彼らは死後の生があることを知らず、自身の胃袋以上の神を知りもせず、獣のように生きています」と述べる〔Burgés 1703: 94〕。

こうして「キリスト教徒」・「人間」以下の「野蛮人」・「動物」として定義された先住民は、言葉によって伝えられる抽象概念や精神世界を理解できない知的段階にあると判断された。ユリアン・クノグラー神父は、チキトスの先住民の知性について次のように記述している。

これらの人々は、秩序なく野蛮な生活をしており、野生の状態にあるため、少なくとも宗教教育の初期段階においては、理性というものを理解することができないのです。それゆえ、彼らの精神がこういった点で発達するまでは、知識や、目に見えないものを崇拝する心を植え付けるために、別の方法をとらなければなりません。たとえば、彼らの耳を満足させるもの、彼らがその手で演奏できるものなどがよいでしょう〔Knogler n.d.: 170; cf. Saito 2006: 177〕。

この記述の背後には、目に見えない、触ることのできない、抽象的で理性的な言語と、目に見え、触って奏でることのできる、具体的で感覚的な楽器を対立させてとらえる枠組みがある。

実際、この論点は宗教改革で取り上げられ、感覚的にすぎる音楽が理性的な言語を覆い隠してしまうことへの警鐘が鳴らされた。感覚よりも理性を重んじるこうした思想の典拠としてしばしば取り上げられる聖アウグスティヌスの『告白録』は、問題の核心にある二つの立場のあいだで揺れている。彼は、詞章そのものが伝える内容よりも、歌によってその効果が高められうることを確信しつつ、他方で、「しかし歌われているその内容よりもむしろ歌がわたしを感動させるようなことがわたしに起これば、わたしは罰せられるべき罪を犯したことを告白し、そのときは歌を聞かなかった方がよかったと思う」とも述べている［アウグスティヌス　二〇一二：三六二―三六四］。彼はここで、「歌われている内容」、すなわち詞章と、声として発せられた「歌」を区別し、後者が人に与える快楽を警戒している。

わたしの肉の喜びは、精神をそれに委《ゆだ》ねてはならないのに、わたしをしばしば欺《あざむ》きます。感覚は理性に付き添い忍耐深くその後に従っていこうとせず、また理性のために存在することが認められているにもかかわらず、理性に先立ち、導こうとします。このようにしてこの点においてもわたしは知らぬ間に罪を犯し、後になって気づくのです［アウグスティヌス　二〇一二：三六二］。

聖アウグスティヌスと南米大陸のイエズス会宣教師は、音楽の使用という主題に関して共通の信念を持っている。すなわち、両者とも「言語」と「歌」を対立したものととらえ、前者を理性的なもの、後者を感覚的なものとし、「歌」が持つ言葉を超えた力を確信している。聖アウグスティヌスがその力に困惑しているのに対し、「理性というものを理解できない」とされる先住民を導く手段として、イエズス会宣教師は期待を寄せているのである。進化論的図式に則りながら、特に低地の圧倒的な多言語状況に対処しなければならなかった宣教師にとって、感覚に訴えるものとして音楽をとらえる思考は、実際現実にプラクティカルな選択肢を与えてくれるものであった。

4　先住民を「惹きつける」音楽

音楽を用いた接触戦略については、宣教活動に関する多くの史料が報告している。そこにおいては、音楽が先住民を「惹《ひ》きつける」ものであるとの所見が見受けられる。一八世紀の知識人ロドヴィコ・アントニオ・ムラトリは、南米大陸でのイエズス会の活動について記述し、宣教における音楽の効果について次のように雄弁に語る。

異教徒たちを本当の宗教へと惹きつけるために［中略］考え出されたすばらしい方法についてここで述べておきたいと思います。それは音楽です。勤勉な宣教師たちは、多くの場合十分な知識を持っており、一部の者は完璧なまでに音楽に習熟しています。ハーモニーに対する先住民の傾倒には信じがたいものがあり、宣教師たちは特に最初期、それを少なからず利用しました。小川の岸辺でキリスト教教理の賛美歌や他の聖歌を歌い始めると、野蛮人たちは洞穴からでてきて呆然とし、また惚れ惚れとして歌い手に付いてきます。そしてある程度の人数が集まったのを確認すると、宣教師はイエス・キリストの素晴らしさと教訓に関する講話を始め、そうすることによって集住化への可能性を開いていったのです［Muratori 1743: 59; Nawrot 2000: 14 に掲載のスペイン語訳を筆者が日本語訳した］。

チキトス地方での宣教においても、実際にこうした見地から接触に音楽が用いられていた。チキトス地方で初の布教区サン・ハビエルを創立したホセ・デ・アルセ神父は、当地に赴任する以前から、先住民の関心を惹きつけるものとして長らく音楽を活用してきた。先住民チリグアノと初めて接触した折、神父らは同じ言語を話す先住民を何人か伴っていた。このうちの一人が楽器を鳴らして彼らの言語の歌を歌うと、チリグアノは大変喜び、すぐに学び始める者がいた。中には、唯一の息子を差し出すからその歌を学ばせてほしいという者さえいたという［cf. Nawrot 2000: 14］。

同じくチキトス地方に赴任したルカス・カバジェロ神父は、音楽を用いた接触をしばしば試みた人物である。カバジェロ神父がキリスト教徒を引き連れてキリキカと呼ばれる先住民集団を訪れた際、「キリスト教徒たちは二重唱で連禱を歌いました。野蛮人たちはこれほど調和したハーモニーを聞いたことが今までなかったので、天上の何かに思われたらしく、夢中になって聞いていました。それをみて、神父は何人かの子供を洗礼に連れてこさせました」という［Fernández 1726: 175］。

このように、チキトス地方のイエズス会宣教師たちも、音楽が先住民との接触の手段として効果的という考え方を共有していた。その根拠は、低地社会の多言語状況やその理性のあり方、そして音楽の人を惹きつける効果といった部分に求められた。

以上、イエズス会側の考え方をみてきたが、それでは接触前後のチキトス地方において、先住民はどのような暮らしをしていたのだろうか。次節では、イエズス会士が残した記述をもとに、チキトス地方の先住民の信仰や慣習をみていきたい。

三　チキトス地方の先住民の信仰と慣習

1　信仰なき民

当然のことながら、イエズス会士が残した記録は当時の現実を反映した客観的な記述ではありえない。彼らが「キリスト教」や「文明社会」に対置しうるものとして「異教」や「未開社会」を想像する際、特に着目されやすい領域がいくつかあった。スペイン語の韻を踏んだ「信仰も法も王もない *sin fe, sin ley, sin rey*」という表現は、その主なものを挙げている[2]。チキトス地方の先住民社会も、ヨーロッパ社会には当然あるとされてきたものを多く欠いていると記録されたのである。

ユリアン・クノグラー神父は、接触前のチキトスの先住民が神格をあらわすいかなる語彙も持たないことを強調し、彼らを「何も信じない、あるいは本当の信仰を持たず、それに従って生きることもない異教徒」と特徴付けている［Knogler n.d.: 169］。ルカス・カバジェロ神父も、「これらの異教徒には宗教がなく、本当の神にせよ偽物の神にせよ崇拝するということがありません」と述べている［Caballero 1706: 16］。他にも、太陽や月、星、動物、魚、鳥を崇拝している様子もない［cf. Knogler n.d.: 166］。動物や畑の作物は胃袋を満たすためだけのものであり、悪魔や偶像のようなものもなく、病を治療する呪術師のことは嫌っている傾向すらみられる［Burgés 1703: 94; Fernández 1726: 34, 200］。イエズス会士にとって「信仰がない」という先住民の特徴は、彼らのとらえがたい気質ゆえの帰結だった。パトリシオ・フェルナンデス神父によれば彼らは、

想像を絶するほど気まぐれで、いかなる方向にもなびきやすく、言った言葉を守りません。また、今日キリスト教徒の人だったかと思えば、明日には異教の動物になってしまうということもあるのです。スペイン人とであれ誰とであれ、益があれば交友関係を結びますが、些細なことでその友情を破ってしまいます［Fernández 1726: 16］。

しかしそれは宣教の障害になるものとは考えられなかった。フェルナンデス神父は、「いかなる神格をも崇めず悪魔崇拝もしないということは、本当の神についての知識を彼らに与える上でとてもよい傾向です」とまで考えていた［Fernández 1726: 34］。

とはいえ「信仰がない」「神がいない」など否定形による特徴づけは、現実の反映というわけではない。次に、イエズス会士が「異教徒」という存在を構築するにあたりしばしば取り上げたチキト語マナシ変種を話す諸集団の慣習を概観しながら、イエズス会士に「信仰なき民」という印象を与えた彼らの崇拝のあり方をみていく。

2　嘘つきな神々と呪術師

もっぱら否定形によって特徴付けられるチキトスの先住民の「信仰」であったが、それはキリスト教徒に対立する「異教徒」像、すなわち非キリスト教徒像を描き出そうとするイエズス会士の、中立ならざる視点からの判断に他ならない。実際以下でみていくように、キリスト教的な「信仰」に相当しないものは「偶像崇拝」や「迷信」、「呪術」などと記録されてもいるのである。そのような実践をより顕著に行うことで知られていたのは、チキト語を話す集団のなかでも特に、サン・ハビエルやコンセプシオンの布教区周辺に多く居住していた、マナシと呼ばれる言語変種を話す諸集団である。(3) チキトス地方の布教区で土着の信仰に関連する偶像などの物品の破壊はほとんど行われなかったが、このマナシ変種の話者集団は例外だった。マナシ変種の話者集団に関する記述の多さと厚さを鑑みるとき、彼らが代表的な「異教徒」像としてとらえられていたことが想像できる。

例えばルカス・カバジェロ神父は、宗教的実践に対して「まったく消極的」なチキトスの先住民と対比して、マナシ変種の話者集団を「積極的な偶像崇拝者」と述べている［Caballero 1706: 16］。またパトリシオ・フェルナンデス神父もマナシ変種の話者集団について「他のどの民族よりも迷信的」と述べ、彼らがかつて属していたチキト語系の他の集団との差異を挙げている［Fernández 1726: Cap.XII］。まずマナシ変種の話者集団には野蛮の極とされる食人の慣習がある一方で、キリスト教の教義に似た知識を持ってもいる。フェルナンデス神父によれば、これは自分たちイエズス会士が南米大陸を訪れるよりずっと以前にこの地へ伝道に訪れていたとされる伝説上の人物、聖トマスが、すでにキリスト教信仰の重要な部分を伝えていたことの証左であるという。さらにマナシ変種の話者集団は三位一体の概念を知っているが、三位それぞれと聖母を別の名で呼ぶ過ちを犯している。また女神の処女懐胎と、その息子が奇跡の数々を起こしたという伝承がみられる。さらに伝承の「ティニマアカ」と呼ばれる神々は、首長の邸宅に降臨し、呪術師「マポノ」を通して託宣や予言を行い、民に「よく食べ、よく飲み、よく踊りなさい」と語りかける。そして人々はこの言葉に従い、チチャ（トウモロコシや時にマンディオカを挽いて茹でたものを咀嚼し、発酵させた飲料）を消費しては酩酊し、「誰も悲しみで死んでしまうことのないよう踊ります」等々と述べている［Fernández 1726: 158］。

このように、マナシ変種の話者集団が崇拝する神々ティニマアカは、人々に対してはっきりと目に見える形で話しかける存在であった。フェルナンデス神父によれば、ティニマアカは呪術師マポノを通して、キリスト教徒が崇拝している聖人像や彫刻を、「見もしない、喋りもしない、聞きもしない」ものとして批判した［Fernández 1726: 157］。ルカス・カバジェロ神父が、マナシ変種の話者である先住民集団キモメカとタパクラ出身の通訳に「キリスト教徒のことを親類に何と話しますか?」と尋ねた時も、彼らは「『キリスト教徒はね、喋りもしない布や石像や棒を崇拝しているんだよ。どう思う?』と言います」と返答したという［Caballero: 1706: 23］。彼らにとってティニマアカとは、相談をすれば具体的な答えを言葉にして返してくれる存在だったのである。

他方で興味深いことに、こうしたティニマアカの言葉にはたびたび「嘘」が含まれているというのが、マナシ変種の話者集団の共通見解でもあった。ルカス・カバジェロ神父は、マナシ変種の話者集団の人々との次のような会話を紹介している。

> 私はキモメカの通訳者に次のように尋ねました。その神々がそんなに君たちのことを世話してくれるなら、なぜスペイン人の到来をあらかじめ知らせてくれなかったのですか? そうすれば、事前に戦いに備えたり逃げたりすることもできたかもしれないのに。［中略］すると彼は次のように答えました。もちろん、ティニマアカは知らせてくれましたよ。でもそういう知らせはしばしば嘘に終わるので、私たちは信じなかったのです［Caballero 1706: 25-26］。

はっきりと喋る存在を崇拝しながらも、その言葉を信用してはいない。こうしたマナシ変種の話者集団の態度は、ティニマアカの託宣を伝える呪術師マポノに対して向けられるものでもあった。カバジェロ神父によれば、マポノは雨の降る日や収穫、漁労、戦争の結果などあらゆる分野について人々を喜ばせるような託宣を伝えるが、その多くは嘘であることがしばしば後になって判明するというのだ［Fernández 1726: 158; Caballero 1706: 25］。

マナシ変種の話者集団の呪術師マポノは、人々の相談にのり、ティニマアカに伺いを立てては託宣を伝え、病を治療する人物である。そしてチキトスの先住民のうち明示的な反抗を企てる首謀者は、しばしば彼らであった。チキトスの先住民の多くが十字架についての講話を聞くとすぐにその神秘を讃えるようになったのに対し、マナシ変種の話者集団に属するタパクラの呪術師は、ルカス・カバジェロ神父に次のような態度をとった。

> タパクラの最後の宣教のために持ってきた十字架を立てるよう、私はキリスト教徒のインディオに命じました。しかし私たちがやってくると、悪魔の使い［呪術師マポノ］が他の村のインディオを連れてそこへやってきて、十字架をみて「この棒が一体何の役に立つのかね？」と言いました。そして十字架に対して不敬を働いたのですが、いつまでも笑ってはいられなかったようです。というのもこれらの攻撃者たちは直ちに死んでしまったからです。この時から、皆十字架を大いに恐れるようになりました［Caballero 1706: 37］。

またルカス・カバジェロ神父によれば、マナシ変種の話者集団の呪術師は十字架が人を殺すのだと吹聴し、それを燃やしてしまう。十字架の建立後、確かに多くの人が疫病や干ばつで死んでいたため、先住民は十字架が本当に災厄をもたらすものだったのだと恐れるようになったというのである。そこでカバジェロ神父は、先住民の死という出来事を説明するのは十字架それ自体ではなく、十字架に対する冒瀆的な呪術師の行動であると力説した。カバジェロ神父によれば、聖職者も十字架もそれ自体で悪をなすものではなく、それを冒瀆した呪術師の行為によってイエス・キリストの怒りを買い、罰が当たったというのである。それを聞いた人々は、「私たちの親戚が十字架を冒瀆したことが原因だったと今わかりました。皆を死なせた呪術師マポノを信じる必要がどこにありましょう？」とカバジェロ神父に返答したという［Matienzo et al. 2011: 69-76］。

呪術師は、イエズス会士が行う洗礼などの秘跡もまた、人々に死をもたらすものとして吹聴した。例えばマナシ変種の話者である先住民集団テスのもとを訪れたルカス・カバジェロ神父は、呪術師が洗礼を受けないよう人々に忠告し、すでに子どもを他の村へ連れて行ってしまったことを知った。イエズス会士はいつも、病気などで死の危機に瀕した子どもを優先的に洗礼することから、実際に洗礼を受けた子どもが多く死んでいたのである。それゆえ呪術師は、子どもの死を洗礼と結びつけたのだ。ルカス・カバジェロ神父は、病気や死は人々が宣教師を殺そうと試みたことの罰として、イエス・キリストが送り込んだものだと説明した［Matienzo et al. 2011: 61］。またパトリシオ・フェルナンデス神父が、洗礼は魂と身体を解き放ってくれるものだと説明すると、人々のあいだから徐々に恐れが消え、母親たちが子どもに洗礼を受けさせにくるようになったという［Fernández 1726: 286］。

以上の例から、マナシ変種の話者集団にとって、彼らが崇拝する神々ティニマアカや呪術師の発話の真偽は、それほど重要でなかったようにみえる。むしろ彼らは、起こった現象を説明する仮説をその時その場で探し、適宜受け入れていた。十字架や洗礼に対する呪術師の解釈と宣教師のそれは異なる仮説であったが、マナシ変種の話者集団にとってそれはいずれもありえそうなものに思われた。それゆえ、マナシ変種の話者集団のキリスト教化に際しては、イエズス会士は雨乞いや治療などの奇跡を起こし、これらの神々や呪術師に対して勝利を収めなければならなかったという［cf. Krekeler 1993: 134; Métraux 1948: 78］。この集団にとって重要なのは、そのときその場で使えそうな説明であり、キリスト教に典型的な「何かを真摯に信じ続けること」ではない。こうした傾向ゆえに「信仰なき人々」

としてイエズス会士に特徴付けられたのではないだろうか。

マナシ変種の話者集団はチキトス地方で最も広く話されているチキト語系諸集団の一部にすぎなかったが、その存在はイエズス会士に対して代表的な「異教徒」像を提供した。イエズス会士やキリスト教に対して明示的な反抗を企てたのがほとんどマナシ変種の話者集団の特に呪術師であったことを考えれば、なおさらイエズス会士の記述のなかで彼らが典型的な「異教徒」としての役割を引き受けざるをえなかったのであろう。

こうしたチキトスの先住民や特にマナシ変種の話者集団の特徴の反面、彼らが一貫していたとされる部分、すなわち戦争への熱狂を次に述べよう。

3　戦争と収奪の慣習

一七世紀から一八世紀にかけて、イエズス会宣教師が訪れたチキトス地方の集団の多くは、近隣の集団と常態的に戦争をしていた。パトリシオ・フェルナンデス神父は、「隣人に戦争をしかけて捕虜をとる古い慣行があった」ことを報告している［Fernández 1726: 126］。イエズス会士ドミンゴ・ムリエルは、一年に一度隣人の集落を襲うこの慣習のことを、「収奪の慣習」と呼んでいる［Muriel 1766: 154］。兄弟愛を重んじるキリスト教を広めるイエズス会士は、集団同士のあいだに敵対的な関係がある場合、それを和解させて回った。ルカス・カバジェロ神父は一七〇七年に、長年闘争状態にある先住民集団、シバカとイリトゥカを和解させようと苦心し、「隣人と戦争状態にない人々に宣教したことは一度もありません。まったくおかしなことです！」と述べている［Matienzo et al. 2011: 52-53］。

チキトスの先住民の戦士としての勇敢さ、ないし凶暴さは、多くの史料に残されている。イグナシオ・チョメ神父はチキトスの先住民について、「凶暴の極にあり、集住させるのは骨が折れました。今は扱いやすくなっていますが、彼らの心から昔の野蛮さの名残を完全に根絶させるためには、まだまだやるべきことが残っています」と記している［Chomé 1738: 245］。ホセ・サンチェス・ラブラドル神父も、チキトスの先住民が、毒矢の使用によって他の集団から大いに恐れられていることを証言している［Sánchez Labrador 1770: DXVI, DXVII］。このことは、チキトス地方の布教区の宣教師、ユリアン・クノグラー神父の記述からも明らかである。チキトスは槍の名手である集団グアイクルからすら恐れられているが、それは「小さな傷でさえ絶対治療不可能にするよう、矢に毒を塗る」からである［Knogler n.d.: 142］。矢の腕前についてはパトリシオ・フェルナンデス神父も、「この民族は勇敢な精神の持ち主で、武器の扱いの素質がある戦士たちです。なかでも矢の扱いはすばらしく巧みなものです」と述べている［Fernández 1726: 30］。また、マナシ変種の話者である先住民集団タパクラは、チキトスの毒矢を高く評価し自身も矢に毒を塗るようになったという［Caballero 1706: 17］。

チキトスの先住民の戦争での強さはこのように当地で際立つものであったが、それでは戦争で手に入れた捕虜はどのように扱われたのだろうか。実のところ、集落へ連れて帰られた捕虜は、奴隷として冷遇されるよりは、その集落の娘と結婚させられることによって、親族として同化させられたようである。イエズス会パラグアイ管区長をつとめたフランシスコ・ブルヘスは、「戦争で屈服させた者たちのことは、自分たちとほとんど同じように扱いますし、しばしばこの者たちを自分の娘と結婚させます」と述べている［Burgés 1703: 92］。同様にパトリシオ・フェルナンデス神父も、「隣人［中略］を戦争捕虜とした後は、彼らを血の繋がった親族や、とても仲の良い友人であるかのように扱いますし、離婚することがあるので『結婚』とは言えないにせよ、娘とめあわせることもきわめて頻繁です」と述べている［Fernández 1726: 30］。

チキトスの先住民を特に脅かした他者は、スペイン人とポルトガル人の侵略者だった。侵略者は奴隷狩りのために武装してたびたびチキトスの先住民を襲っただけでなく、貿易を阻害したり疫病などの原因となったりもした。こうした脅威があったからこそ、チキトスの先住民集団ピニョカ側がサンタ・クルス総督に宣教師の派遣を願い出たのだとされ、侵略者の存在がミッションという体制の拡大につながったと考える向きもある［e.g. Tomichá Charupá 2002: 308］。

チキトスの先住民自身にとって、戦争での勝利は尊敬に値するものであり、首長の地位は戦争での強さによって決まった。そして多くの場合首長だけは、二、三人の妻を持つ一夫多妻婚が許されていた。というのも、「彼らは他者にたくさんのチチャをふるまわなければならず、一人の妻ではそこまで多く作ることができないからです」［Burgés 1703: 92］。チチャは戦争の勝利を祝い捕虜を歓待する饗宴に欠かせない飲み物である。次に歓待の饗宴とチチャについてみてみよう。

4　歓待と饗宴、そしてチチャ

チキトス地方の人々の「収奪の慣習」で連れて帰られた捕虜は「饗宴」で盛大に歓待された。パトリシオ・フェルナンデス神父によれば、チキトスの先住民の集落には、一四、五歳以上の男性のための共同の住居があり、捕虜や客人はそこに迎えられ、集落の皆が集まり、食物とチチャが振舞われる［Fernández 1726: 31］。その饗宴のあいだ人々は二、三日にわたって、音楽に合わせて踊り明かすという［Burgés 1703: 92-93］。食べ物とチチャ、そして音楽と踊りが、歓待の饗宴には欠かせないものであった。

饗宴が行われるのは戦争捕虜に対してだけではない。近隣の集団を招いて歓待する饗宴も非常に頻繁に行われていた。フェルナンデス神父によれば、「別の場所から来たよそ者たちを受け入れ泊まらせ、その土地で獲れる最良のものや素晴らしい飲み物を贈ります。集落の皆が集まって、よそ者と一緒に盛り上がって飲みます」［Fernández 1726: 31］。酩酊による暴力沙汰に終わることもあるが、概してその饗宴には、歓待された側による返礼の饗宴が続く。また、こうした互酬的な饗宴を催し合う相手を持たない集団でも、内輪での饗宴が頻繁に行われている。一六八九年から一六九九年に書かれた年報では、チキトスの各家族が交代で饗宴のホストをつとめ、狩猟の成果や収穫物、壺いっぱいのチチャを振舞い、二、三時間にわたって「食べ、飲み、そして踊り歌い、酩酊する」ことが記録されている［Matienzo et al. 2011: 20］。また宣教師ルカス・カバジェロが先住民集団ユラカレ、コソカ、スバリカの集落に到来した際も、音楽と踊りとともに歓待がなされたという［Matienzo et al. 2011: 58］。

パトリシオ・フェルナンデス神父によれば、このチチャというトウモロコシの発酵酒は、生水のかわりにチキトスの先住民が畑仕事のあいだ少しずつ飲むものでもあるが［Fernández 1726: 32, 199］、人々はむしろ饗宴での酩酊のためにチチャを飲むのをいたく気に入っている。ルカス・カバジェロ神父も「信仰も祭礼もなく、ただ酩酊があるだけです」と、その熱狂ぶりを記している［Caballero 1706: 16］。歓待の饗宴があるところにチチャによる酩酊はかならず記録されるが、イエズス会士はこのことを好ましく思っていない。キリスト教徒にとって、過度の飲酒による酩酊状態は悪なのである。イエズス会士がこの慣習をいかに根絶しようとしたかについては、後で詳しく紹介する。

以上本節では、接触当時のチキトスの先住民について、主に信仰と戦争、歓待と饗宴におけるチチャの位置付けに着目しながら、イエズス会士による記述を紹介してきた。次節ではチキトスの先住民とイエズス会士のあいだで、実際にどのような接触がなされたのか、そうした接触経験を通して両者の慣習がどのように相互浸透していったのかをみていく。

四　イエズス会士とチキトス地方の先住民の接触

1　魂の捕獲

チキトスの先住民集団ピニョカからの要請により一六九一年一二月、サン・ハビエルの布教区が創立されて以降、イエズス会士は周辺に散在している先住民をもキリスト教化するため、布教区を拠点とした遠征を繰り広げたことが知られている。チキトス地方における布教区は年々拡大し、最終的に一〇の町が創立されたものの、それぞれの布教区の周囲には、容易には改宗と布教区への移住に応じない、ないしその機会がなかった集団が暮らし続けていたのである。こうした遠征は、「理性ある獣の狩り」、「魂の捕獲」などと呼ばれていた［e.g. Fernández 1726: 129, 135］。この地域の先住民にはもともと隣人に戦争をしかけ捕虜をとる古い慣行があり、イエズス会士はこれを布教区の拡大に生かしたことがすでに指摘されている［cf. 齋藤　二〇〇三：二四六、Combès 2012; Susnik 1978］。

ところで、宣教師とキリスト教徒となった先住民は、こうした遠征にあたりしばしば武装して出かけていったことが知られている。その様子は先住民側に警戒心を抱かせ、緊張のもととなった。ルカス・カバジェロ神父がユラカレを訪れた際、託宣によって彼らの到来を知っていた人々の多くは既に逃げており、残っていた者も逃げ惑った。そのうち幾人かがキリスト教徒によって捕獲されたという［Matienzo et al. 2011: 57］。齋藤がいうように、遠征の戦略は、土着の戦争との連続性を確かに持ちつつも、人口維持を目論む布教区が、周辺先住民を一方的に同化・吸収するものにほかならなかった［齋藤　二〇〇三］。

それでは、敵とみなされることもあった宣教師らは、「異教徒」への宣教を成功させるため、「魂の捕獲」においていかなる戦略を用いたのだろうか。以下では、音楽の使用・歓待・チチャの禁止という三点に着目して述べていく。

2　イエス・キリストと異教の神々を讃える歌

先住民を「惹《ひ》きつける」ために、また自分たちが危険な侵略者ではないことを伝えるために、イエズス会士が音楽にしばしば頼ったことは既に述べた通りである。それは接触の瞬間だけでなく、先住民にキリスト教の教理を伝え、改宗するよう説得する場面でも活用されたことが知られている。

例えば一七〇三年にルカス・カバジェロ神父は、いずれもチキト語マナシ変種を話す先住民、シバカとイリトゥカという絶えず戦争をしていた二つの集団を和解させた翌日、皆を集めて十字架を立て、イエス・キリストの奇跡についての講話を行い、キリスト教徒の先住民と一緒に「彼らの言語で作曲しておいた曲を歌い始めました。そのなかで、既に講話で述べた私たちの主の栄光と、異教の神々や呪術師マポノの不名誉をまとめて述べました」。そして集落の皆を集めいくつかのグループに分け、「この歌を繰り返し歌わせました。彼らは夜遅くまでそれを学びたいと言って、キリスト教徒たちを休ませてもくれませんでした」という。この歌は、その後に続くユラカレの集落への最初の宣教でも歌われた。興味深いことにこのユラカレの人々は、ルカス・カバジェロ神父到来の三日目に音楽を奏でながら彼を歓待し、「私たちの主イエス・キリストと聖母マリア、そして聖なる十字架を讃える」内容の歌を歌ったという［Matienzo et al. 2011: 53-60］。

チキトスの先住民がキリストと聖母を讃えた歌とは、いかなるものだったのだろうか。先住民集団との接触に関して、さらに興味深い記述がある。一七〇三年ルカス・カバジェロ神父は、先住民集団コソカの首長が神父の殺害を計画し、その応援を別の集団スバリカに申し入れていたことを知った。しかしスバリカの首長アベツァイロは、夢で天使と出会い、「かくかくしかじかの特徴をした男が武器も携えず、ただ十字架だけを持ってやってくるから、殺さずに歓迎せよ。彼の話を聞くように」との啓示を受けていたため、彼はコソカの首長の申し入れを断ったという。そののちにルカス・カバジェロ神父がスバリカの集落を訪れると、人々はすでに神の祝福を受ける準備ができており、神父を盛大に歓待し、福音を熱心に聞きたがった。「午後になって女性たちは十字架を囲んで歌いました。『イエス・キリストの名にかけて、私たちの父の十字架を喜びます。主の母の名にかけて、私たちの母を知ることができたことを喜びます』と。そうして、彼らはかつて異教の神々と女神を讃えていた踊りと歌を聖なるものとしたのです」［Matienzo et al. 2011: 67-69］。つまり先住民は、自分たちの神々を讃える歌の詞章を、キリスト教の聖人を讃えるものに置き換えていたのである。

実は、こうした置き換えはチキトス地方で頻繁に行われていた。おそらく歌で讃える対象それ自体を変更することに、チキトスの先住民はほとんど抵抗がなかった。むしろ彼らにとって讃えるという行為の重点は、その対象というより歌い踊ることにあった。マナシ変種の話者集団の神々ティニマアカは、人々に「よく食べ、よく飲み、よく踊りなさい」と語りかけ、人々はこの言葉に従い、酩酊しては「誰も悲しみで死んでしまうことのないよう踊る」[Caballero 1706: 23-24]。キリスト教を受け入れた先住民の記述においても、歌と踊りは必ず特筆されている。例えばスバリカ族の改宗について、パトリシオ・フェルナンデス神父は、女たちが十字架を囲んで歌い踊りながら神の法と聖母マリアを讃えたと述べている[Fernández 1726: 190]。

このことは、イエズス会士が土着の慣習に対してとった態度や戦略からも逆照射される。イエズス会士の共通見解として、現地のやり方を破壊するのではなく、キリスト教のやり方に合うように再解釈すべしとの考えがあった。イエズス会士ドミンゴ・ムリエルは、「悪い行いがあれば、それを聖グレゴリウスの教えにしたがって直してやればよいのです。神殿が偶像に捧げられているなら、破壊するのではなく目的を移してやればよいのです。それらが本当の神の崇拝にむけて純化され、聖なるものとなるように」と述べている[Muriel 1766: 153]。こうしたイエズス会士の方針からも、先住民がキリスト教に改宗して以降も歌の旋律や踊りなど土着の表現を維持しつつ、詞章のみがキリスト教の聖人を讃えるものに置き換えられたことがわかるだろう。それは、双方の利害が奇妙な一致をみた形式でもあった。つまり、チキトスの先住民が讃える対象を進んで置き換えたのに対して、イエズス会士たちも詞章がキリスト教の内容に変わるのをみて満足したのである。たとえその旋律が、過去にキリスト教の神ではない存在を讃えていたのだとしても。

このように、イエズス会士と先住民の接触段階においてすでに、両者のコミュニケーションに相互浸透がみられた。次にみる宣教戦略は、先住民を模倣して行われた歓待の慣習である。

3　布教区への招待と歓待の慣習

イエズス会士は、チキトスの先住民の伝統的な戦争の慣行を遠征において模倣したのと同様、戦争捕虜の扱いについても同様の戦略をとった。すなわち、チキトスの先住民が捕らえた捕虜を親族になるべき者として迎え歓待したのにならい、イエズス会士も「魂の捕獲」で捕らえた者たちを布教区に招き、盛大に歓待したのである。

一七三〇年代初頭の年報には多くの遠征旅行が記録されている。そこからは、遠征旅行で接触を果たした先住民がキリスト教徒の暮らしをみて改宗するかどうかを決めることができるように、一旦布教区へと招かれたということがわかる。例えば一七三〇年、サン・ラファエルの布教区から遠征旅行に出かけたキリスト教徒の先住民集団バソロカの一団は、未知の言語を話す先住民集団パレシの人々九人を連れて布教区へ帰ってきた。彼らはまた、一七一一年にルカス・カバジェロ神父を殉教させた先住民集団プイソカに対して戦いをしかけ、八人を殺害し、七一人を布教区へ連れて帰ってきた。一七三一年にも、パブロ・ディエゴ・デ・コントレラス神父に引き連れられたキリスト教徒の一団がモロトコと呼ばれる先住民集団に接触し、「怖がらないでほしい、あなたたちの生命や自由に対して［悪いことは］何もしません」と述べ、フォークや針といった金属などさまざまな贈り物を渡し、布教区まで一緒に来てほしいと説得している［Matienzo et al. 2011: 159-163］。

このようにして布教区を訪れた先住民は、そこに暮らすキリスト教徒や聖職者によって盛大に歓待された。一七三〇年代初頭の年報には多くの歓待が記録されているが、そのうち典型的な一例を紹介する。一七三一年の遠征で接触を果たした人々は、一〇月三一日にサン・ハビエルの布教区に迎えられた。布教区のすべての住民が客人を迎えに出て、皆が健康にここへたどり着き、キリスト教の教えにあずかることができることを喜んだという。通訳は次のように伝えた。「奴隷にされるのではないかなどと恐れないでください。あなた方は息子のように扱われます。敵や見知らぬ人ではなく、むしろ友人や同朋だと思ってほしいのです」。そうして布教区の住民は先住民に食べ物とハンモックを贈与し、翌日盛大な宴を開き、歌と踊りでもてなしたのである［Matienzo et al. 2011: 165］。

遠征に続く歓待の饗宴は、長期間にわたって行われ続けた。一七四〇年代のマルティン・シュミット神父の手紙にも、サン・フアン・バウティスタの布教区で行われた一〇三人の先住民への歓待が詳しく描写されている。それによれば、「町の住民みんなで迎えに行き、太鼓と縦笛、クラリネット、トランペット、チリミーア［リード付き木管楽器］を演奏し、踊り、楽しみ、歌い、喜びに飛び跳ねながら歓迎しました。そして彼らを教会まで連れてゆき、聖歌を歌いながら神に感謝を述べました」。そして、裸のままでいた先住民に足まで隠れる服を贈り、食事を振る舞った。針や毛皮、ガラスの首飾り、フォークやはさみ、木や骨でできたロザリオ（聖母マリアへの祈りを唱える際に用いる用具。穴を開けた珠に紐を通し、十字架が提げられている）などを贈り、寝床を提供した［Schmid 1761: 151］。

一七六六年にも同様の宣教戦略が報告されている。ユリアン・クノグラー神父は遠征旅行から先住民を連れて帰り、食べ物と服を与え、教会で勝利を祝して聖歌を歌った。しかしその道中、「異教徒が逃げ出して元の集落へ戻ってしまったり護衛に対する暴動を起こすことがないように、注意深く監視」する必要があったと述べている［Knogler n.d.: 165］。

クノグラー神父が述べる通り、すべての先住民が「魂の捕獲」とそれに続く「歓待」を喜んで受け入れたわけではない。すでに述べたように、そもそもキリスト教徒による襲撃で命を落とす先住民が多くいたことも事実である。一七三〇年代の年報では、先住民を布教区へ連れて行く道中で、タパイベネという名の一人の男が逃げ出したことが報告されている。こうした出来事がしばしば起こるため、何人かが逃げ出したとしても、さらに多くの先住民が逃走する心配があるため積極的に捜索しにいくことを控えたとも述べられている［Matienzo et al. 2011: 163-165］。マルティン・シュミット神父も、「私たちは彼らを招いていますが、来たくない他の異教徒が森にはまだまだたくさんいます」として、さらなる努力を喚起している［Schmid 1761: 151］。

「魂の捕獲」から逃走せず布教区にたどり着き歓待を受けた先住民は、与えられる食物や物品、音楽演奏に大いに感銘を受けたとしばしば記述されている。年報によれば先住民は、「ミサや舞踊、模擬戦で演奏されるオーケストラつきの声楽や器楽音楽」にいたく感激したという［Matienzo et al. 2011: 165］。

ところで、本項では先住民の「歓待」で中心的な位置を占めていたチチャに触れてこなかった。次に、先住民同士の慣習において必需品であったチチャに対して、イエズス会宣教師が布教区内で課した制約と先住民の応答について述べる。

4　酩酊と死の予言

キリスト教において、酒を飲むこと自体は罪ではない。聖書ではぶどう酒に関する記載がたびたびみられるし、今日のミサにおいても聖職者はパンとぶどう酒を掲げてイエス・キリストの奇跡を再現するのである。さらに、聖職者の飲酒も特段禁止されているわけではない。しかし聖書の箴言第二三章が詳しく述べているように、酒に耽ることは好ましくない［日本聖書協会　一九八七、一九八八：箴言　二三章］。チキトス地方のイエズス会宣教師の言葉で言えば、飲むこと自体ではなく、「酔っ払ってしまうこと」や「酩酊すること」、「飲みすぎること」、「迷信的な酒盛り」が罪なのである［Matienzo et al. 2011: 20, 164, 260, 284］。

既に述べたように、チキトスの先住民における「戦争と収奪」に続く「捕虜を歓待する饗宴」では、食物とチチャ、音楽と踊りが必要不可欠な構成要素であった。しかし二、三日にわたって続いた末に暴力沙汰で終わる場合も多いことから、イエズス会は饗宴、特にそこでのチチャと酩酊を好ましく思っていなかった。パトリシオ・フェルナンデス神父は、饗宴における酩酊を「市民生活における唯一の、そして少なからぬ障害となって」いると述べている［Fernández 1726: 31］。イエズス会士はチチャによる酩酊を禁止しようと、穏健な手段から厳しい手段まで、あらゆる手を講じた。厳しい手段としては例えば、フェリペ・スアレス神父らによる、チチャの入った壺の破壊や叱責などがある。また、イエズス会宣教師が典礼で実際に用いていたと考えられるチキト語の講話集には、「酩酊する者たちへの講話」が収められている。その内容は以下のようなものである。

　息子よ、酔っ払ってしまうことを大いに恐れなさい。なぜなら、天国へ行くことができなくなってしまうからです。酩酊することをやめないならば、本当のキリスト教徒になることはできず、ただ名ばかりのキリスト教徒にしかなれないでしょう。そうするとあなたの魂は失われ、地獄で名ばかりのキリスト教徒で居続けるほかないでしょう。

　酔っ払いの習慣があった人のなかで天国に行けた者は、ひとりもおりません。というのも、酔っぱらうと動物のようになってしまうからです。そうして主が彼らに命じたことを、一つも守れなくなるのです。

　そういう人のことを、主は天国へ呼びません。神の家というのは動物のための家ではなく、理性ある人間のための家なのです［Biblioteca Nacional de España, Mss/20612: 38; Adam y Henry 1880: 61 に掲載のスペイン語訳を筆者が日本語訳した］。

　このような働きかけにもかかわらず、チチャによる酩酊の根絶は困難を極めた。パトリシオ・フェルナンデス神父は「彼らはその古い悪魔的な迷信を捨てると約束しましたが、そう簡単には忘れてくれないようです」と述べている［Fernández 1726: 200］。

ところがサン・ホセの布教区で、ある奇妙な出来事が起きている。チチャの廃止など「悪習」の根絶に尽力していたアントニオ・フィデリ神父が、赴任して二年足らずの一七〇二年三月一日に死去して以降、チチャによる酩酊が突然なくなったというのである。パトリシオ・フェルナンデス神父は、同僚フィデリ神父が粘り強く「天国から祈りを唱えたので、酩酊と、この背徳の慣習に伴うあらゆる悪が一掃されたのです」と記しているが［Fernández 1726: 32, 67-68］、この説明はどこか納得いかないものである。

もともとサン・ホセの布教区は、フェリペ・スアレス神父らによってサン・ハビエルの布教区から連れてこられた一〇〇〇人以上の先住民とともに、一六九七年八月に作られたばかりの町であった。創立直後は食料供給が安定せず、非常に多くの住人が飢餓と疫病で命を落としている。アントニオ・フィデリ神父が赴任してきた一七〇〇年とは、そうした危機的状況の只中だった。

チチャに関して言えば、スアレス神父が壺を破壊することによって酩酊を根絶しようとしていた一方で、フィデリ神父は講話による説得を続けたようである。それは、先に引用した「酩酊する者たちへの講話」のように、酒盛りを続けた者に降りかかる罰や死、それ以外の重大な損失を訴えるものであった。しかしこうした講話を行ったところで、チキトスの先住民が酩酊をやめる気配はなかった。それは、彼のこうした説得の話法が、先住民にとって呪術師の予言のようなものとして理解されていたためと考えられる。呪術師マポノは様々な予言をするが、住民たちはそれを喜んで聞きながらも、そこに嘘があることを知っていた。ただし彼の予言が、実際に起こった出来事をうまく説明する場合には、それを有力な説として支持するのである。

フィデリ神父の「酩酊をやめなければ死が訪れる」という予言は、ただでさえ死者の多い一七〇〇年代初頭のサン・ホセの布教区において、その死を説明する唯一の理由とは言い難かった。しかしフィデリ神父自身の死により、彼はある意味呪術師として、自らの身を以て予言を成就する結果となった。彼の死は、サン・ホセの布教区で生じていた一連の死を連想させ、それが酩酊によるものであったことを類推させる引き金となった。こうして彼の言葉は、死後少なくとも呪術師と同程度かそれ以上に顧みられるようになり、結果としてチチャによる酩酊の放棄につながったのではないだろうか。

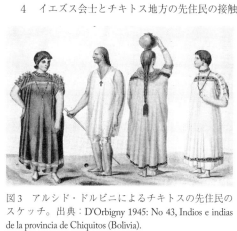

　これは一七〇〇年代初頭のサン・ホセの布教区で起こった出来事だが、その後別の布教区でも、チチャによる酩酊は少しずつ放棄されていく。一七三九年にはミヒャエル・シュトライヒャー神父が、コンセプシオンの布教区でチチャによる酩酊が根絶されつつあることを報告し、その二年後には完全に根絶ができたと述べている［Matienzo et al. 2011: 260, 275］。このように、絶えず宣教師の「予言」が実現したりしなかったりするなかで、チチャの存在感が目立たなくなっていったと考えられる。事実イエズス会士追放後、チチャの慣習は復活している。一八三一年に当地を巡ったフランス人旅行者アルシド・ドルビニは、少なくともサンタ・アナとサント・コラソン・デ・ヘススの布教区で「ペマナス *pemanas*」と呼ばれるトウモロコシの発酵酒を目撃している［D'Orbigny 1945: 1165, 1200］。その製法と饗宴・歓待におけるありさまは、まさしくイエズス会士がかつて撲滅しようとしていたチチャそのものであった[4]。

図3　アルシド・ドルビニによるチキトスの先住民のスケッチ。出典：D'Orbigny 1945: No 43, Indios e indias de la provincia de Chiquitos (Bolivia).

　本節では、イエズス会宣教師とチキトスの先住民が接触するなかで、両者がいかに声を交わし、互いの方法を模倣していったのかをみてきた。そこからわかるのは、両者がそれぞれ他者に対する向き合い方を自らの仕方で理解していたこと、そして長年の相互行為を通し、互いに互いの実践を利用したり、あるいは互いに譲れない部分を交渉したりしながら、大いに混交したということである。その混交は、一方から他方への不可逆的な「改宗」というものではない。それぞれの集団が接触段階ですでにイエズス会士との交渉を行っていたことは、次節で述べる布教区でのキリスト教化とそれ以降継続していくキリスト教徒としての彼らの歴史に重要な基盤を提供することとなった。それではチキトス地方にばらばらに暮らしていた先住民は、布教区での共住生活を通していかにして「チキトス」という名称で包括されるキリスト教徒の集団になっていったのだろうか。以降、規則的な共住生活と典礼、秘跡の授与、そして言語と音楽に着目して詳しくみていく。

五　イエズス会布教区におけるキリスト教化

1　規律的な生活様式

「魂の捕獲」を経てキリスト教化すべく布教区へ連れてこられた先住民のうち成人している者は、子供のようにすぐに洗礼を受けることができなかった。一五八二年から一五八三年にかけて開催された第三回リマ公会議以降、死の危機に瀕した者以外の成人は、一定期間「新改宗者」としてキリスト教的な生活様式を身につける必要があったからである。その例として、定住・共住という居住形態、典礼への頻繁かつ定期的な参加、分業体制を取り上げたい。

イエズス会士は、先住民の「動物」たる所以はノマディズムの居住形態にあるとした。ユリアン・クノグラー神父は次のように述べる。

この動物たちを人間にし、文明的な共同生活や規律に慣れさせるため、生活を支えるのに必要なものを産出してくれる土地に、彼らが恒久的に住むことのできる家を建てなければなりません。また、暮らしを維持するために不可欠な労働を教える必要もあります。このような仕方で、無為に暮らす習慣を取り除いてやるのです［Knogler n.d.: 147］。

チキトスの布教区においては、個々人が各自の役割を持つ共同生活が基本とされ、布教区に到着したばかりの先住民はすでにキリスト教徒として暮らしている人々とともに居住させられることになった。特に子供は積極的に「キリスト教徒の家庭に分配され、同じ年代の男女と一緒のグループに入れられました」という［Knogler n.d.: 182］。

一日の行動に対しても、きわめて細かい規律が浸透していた。一七〇三年の年報には、チキトスのイエズス会布教区での典型的な一日の様子が紹介されている。それによれば、毎朝ミサに出席した後、子供は午前中、大人は午後にキリスト教教理を学んでいる。毎週土曜日には声を合わせてロザリオの祈りを行い、聖歌を歌う［Matienzo et al. 2011: 44］。パトリシオ・フェルナンデス神父も、布教区での典型的な一日の過ごし方について、「一日三回、すなわち明け方と正午と夜に、男児と女児が一緒になって、たくさんの祈りや宣教師が説明した教理問答集の内容を、節をつけて歌う」様子を報告している［Fernández 1726: 81］。また一七三〇年から一七三四年にかけての年報でも、「毎日朝早くから声を合わせてロザリオの祈りを唱え、毎日午後になると小さな祭壇をしつらえ、そこに皆集まってロザリオの祈りを唱え、さらにそれが終わると主の祈りと聖母マリアの祈りを唱え」、熱心に声を合わせて主の憐れみを乞うことが報告されている［Matienzo et al. 2011: 199］。チキト語で書かれた講話集にも、「日曜や祝祭日にミサを聞きに来ない者への講話」が収められている［Biblioteca Nacional de España: Mss/20612: 41］。

平日のミサの後は労働の時間である。多くの新改宗者が、布教区の住人から農業の方法を学んだ。他方で専門職的な役割を与えられる者もいた。カシケと呼ばれる各集団の長は司法・行政上の役割のほか先住民集団ごとのミサ

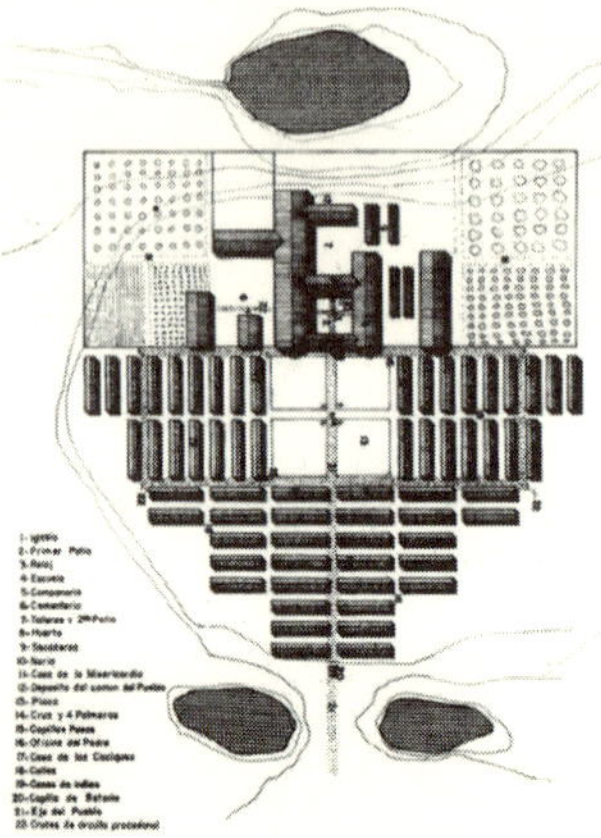

図４　布教区の理想図。
出典：Querejazú (ed.) 1995: 420.

への出席管理を、マエストロ・デ・カピージャと呼ばれる特別の役職は、楽譜の管理やオーケストラの教育を担当した。そのほかにも聖具管理人、木工職人、左官、鍛冶屋、織工、蠟燭職人などが存在した。

こうした生活様式には、イエズス会士による統制力が隅々まで及んでいた。生老病死から居住空間、労働、一日のスケジュールまですべてが徹頭徹尾管理されていたのである〔cf. Wilde 2016〕。図４は、典型的な布教区の風景である。広場を中心として碁盤目状に広がる居住区は先住民集団ごとの長屋であり、そこに他の先住民集団の子供や新改宗者が共住することとされた。

こうした身体的な管理のみならず、キリスト教徒が持つべき真摯さに対する精査も行われた。

２　告解による精査

チキトスのイエズス会布教区において最も頻繁に授与された秘跡は告解である。告解とは、自分の罪を聖職者に言葉に出して話すことによって神の許しを得る秘跡であり、特に聖週間などの祝祭日には何百人もの人が告解を行ったことが報告されている。ミサにおける聖餐よりも告解の回数が多かったが、それは洗礼前の男女は聖体拝領が許されていなかったからである。また、繰り返し告解を行うことはよいこととされるため、死の危機に瀕した病人は何度も告解を行う傾向があることにもよる。そのため布教区にいるイエズス会宣教師は、信徒の告解に耳を傾けることに長時間を費やした。

告解で打ち明けなければならない罪とはいかなるものだったのだろうか。チキト語で書かれた講話集や告解の想定問答集を見ると、特にマナシ変種の話者集団は宣教師に反抗的な呪術師マポノに頼り続けていたことから、本当にその「迷信」や土着の慣習を絶ったのかが、告解を通して繰り返し確認されていたことがわかる。さらに、ミサに出席してまじめに講話を聞いたかどうか、不適切な性生活を行なっていないか、怒りや嫉妬などの感情を抱いていないかなど、相当個人的・内面的な問題にまで及んでいたことがわかる［Biblioteca Nacional de España: Mss/20612: 17-18, 21-22, 24-28］。

実際、こうした個人的な問題を同じ布教区に暮らす顔の知れたイエズス会士に話すのは、多くの人にとって気おくれすることであった。告解室は通常壁で隔てられ互いの顔が見えず、小さな穴を通して声のみで会話をする仕組みになっているものの、先住民は話した罪と個人が特定されることによって後からイエズス会士に罰せられることをひどく恐れた。そこで聖週間など告解の人数が増える時期には、布教区間で聖職者を取り替えるよう、イエズス会幹部から指令が出ることすらあった［Strack 1992: 27］。

図5　今日のサン・イグナシオ大聖堂の告解室（筆者撮影）

告解や講話は、多言語的な布教区の空間においてどの言語で話されていたのだろうか。それは、半数以上に通じたチキト語タオ変種である。チキトス地方は多民族・多言語の地であったため、布教区内では共通語が求められたのだが、次にチキト語とその共通語政策についてみていく。

3　チキト語共通語政策

キリスト教布教における最大の問題は、布教区に呼び集めた人々のあいだで言語が共有されていないことであった。これを解決するために、先住民にイエズス会士らの言語を学ばせるという選択肢はもとよりなかった。スペイン語やラテン語は典礼や宣教師同士の連絡、専門職を任される一部の信徒の読み書き教育のために用いられはしたが、既に述べた現地語宣教の規範ゆえ、信徒との相互行為のためには宣教師自らが現地の言語を学ばねばならなかった。そこで、最も話者の多い言語を布教区全体の「共通語」とする方法が選ばれた。

「カトリック」が「普遍」を意味するように、キリスト教には、バベルの塔以前言語は単一の普遍的なものであったとする考え方がある。豊島が指摘するように、この命題において普遍的な言語として特権を与えられたのがラテン語であった［豊島 二〇〇五］。こうして大航海時代には、世界各地の言語はラテン語の枠組みにならって記述されるようになった。チキトス地方でも、ラテン語の動詞人称表を埋める形でチキト語活用表が作られ、アルファベット順に並べられたチキト語の語彙集が作られた。鈴木によれば、多言語に対するこうしたイエズス会の態度には、普遍的な言語であるラテン語と、現実に存在するモノとのあいだに有契的な結びつきを想定する思想がある。この思想にとって、言語の恣意的な多様性は確かにバベルの塔以来の堕落の兆候ではあるが、あくまでも表面上の差異にすぎない。かくしてどの言語でも単一のものを言いあらわすことができるという思考が導かれる。それは、言葉の表面的な相違ではなく、象徴的な意味の同一性に信頼を置く思考である［鈴木 二〇一六］。

こうした思考をもつカトリック教会にとって、南米大陸の圧倒的な多言語状況はバベルの塔以降の混乱に他ならず、その多様性を少なくとも減らし、キリスト教の教理を語りうる言語として統制する必要があったというわけである［cf. 齋藤 二〇〇二］。

既に述べたように、チキトス地方の布教区で共通語として選ばれた言語変種、「チキト語」は、もともとスペイン人によって「チキトス」と呼ばれた先住民集団タプイ・ミリの言語を指していた。しかし次第に、その「チキト語」

と近い言語変種を話す多くの人々もまた「チキトス」と呼ばれるようになっていった。そしてこの「チキト語」系統を解する人口が最も多かったことから、この言語の地域変種のなかから、タオ変種が布教区の共通語「チキト語」として選ばれた。無論、典礼にはラテン語が用いられる部分も多かったものの、宣教師はチキト語で講話を行い、先住民にチキト語で聖歌を歌わせた。宗教的な文脈のみならず農業労働での共通語もチキト語であり、言語の習得を効率的にする外婚は奨励された。もっとも、「魂の捕獲」によって新改宗者は常に増え続けたため、多言語状況という問題はミッション時代後期まで恒常的に続いた。

チキト語系とは異なる言語、例えばアラワク語系、チャパクラ語系、グアラニ語系、オトゥキ語系、サムコ語系諸語を話す人々も、自身の言語の使用を禁じられこそしないものの、チキト語の習得を義務付けられた。とはいえすべての人々が首尾よくチキト語を習得できたわけではない。年報は、チキト語を一五年間習得できずにいるタピキアと呼ばれるオトゥキ語系集団のことを報告している。彼らは共通語がわからないので神父の講話を聞くことができず、バルトロメ・デ・モラ神父が彼らの言語を学ぶことによって個人的に教授する必要があったという［Matienzo et al. 2011: 169, 207, 249］。だが一七六七年のイエズス会追放時点には、チキト語はすでに共通語として、そして多くの人々の第一言語として確立していたようである。一八三一年に旅行者アルシド・ドルビニが当地を訪れた際には、多くの住民がかつて話していた言語を忘れつつあったという［D'Orbigny 1945: 1153, 1161, 1190, 1199］。

イエズス会によるこの選別と淘汰の言語政策に対する評価は様々である。モホスの布教区でも行われた言語政策の試みが、逆に複数の布教区間で複数の異なる言語変種を発達させる結果となったことを考えれば、チキトスの布教区でチキト語が実際に「共通語」になり得たという事実は、それ自体注目に値するものではある［cf. 齋藤二〇〇二：一〇九―一一三、Combès 2012: 209］。チキトス地方においては一〇の布教区のあいだで共通の「チキト語」が話され、ばらばらの民族名称と言語をもっていた異なる集団同士が、ミッション時代を通して「チキト」という一つの集団となり、やがて「チキトス」、そしてさらに後には「チキタノ」という共通の集団範疇を担うようになっていったとする指摘もある［e.g. Tomichá Charupá 2002］。とはいえ、多言語状況にある当地で特定の変種の使用を義務付けるという行為は紛れもなく言語に対する植民地化であり、選ばれなかった言語が持っていたであろう口頭伝承や表現が失われたとする批判もある［e.g. Santamaría 1986］。

以上の経緯で選抜されたチキト語でであったが、それ自体キリスト教の教理を語るのに適した言語では必ずしもなかった。クノグラー神父が語ったように、そもそもチキト語は唯一神を指す語彙を欠いていた。マナシ変種の話者集団が崇拝する「ティニマアカ *Tinimaaca*」という単語も、複数を表す接尾辞 *-ca* がついており、唯一神を指す語としてふさわしくない。そこで宣教師らは、すでにラ・プラタ地方の布教区で唯一神を指すために使用されていたグアラニ語の「トゥパ *Tupã*」という単語を［cf. 武田　二〇〇九］、単数名詞につくチキト語の接尾辞 *-x* を付与した「トゥパシュ *Tupax*」に変え、借用語としてチキト語に導入した。

チキト語は数字に関する表現も欠いていた。例えば七つの秘蹟やモーセの十戒、三位一体など神学の基本概念について語る際、数字は必要不可欠である。またグレゴリオ暦の曜日や月に相当する概念も、少なくともキリスト教の観点からすれば欠けていた。そこで、そうした語彙に関してはスペイン語をそのまま借用語として導入し、場合によっては *-x* などの接尾辞を付与して、チキト語の文法規則に順応させるようにした。例えば「日曜日」は、スペイン語の単語 *domingo* に接尾辞 *-x* をつけて、*domingox* と記されている。さらに、この言語には男ことばと女ことばの文法的な違いが存在していたのだが、典礼や公的な文書にはもっぱら前者のみが使われるようになった［cf. Falkinger 2002; Kaneko 2016］。こうして、チキト語は共通語としての地位を確立していくなかで、キリスト教の教理を語るためのさまざまな操作を施されていったのである。

4　ミッション音楽と記憶

南米イエズス会布教区における音楽的伝統の並外れた豊かさについては、宣教師の記述をもとに古くから指摘されてきたものの、楽譜などの現物史料がほとんど発見されていなかったために全容の把握は困難であった。チキトスの布教区に関しては、一九七二年にサンタ・アナとサン・ラファエルの教会で五〇〇〇頁以上にわたる楽譜写本が発見され、その修復作業とカタログ化が進んで以降、実際にどのような音楽が演奏されていたのかについての音楽学的研究が進みつつある［e.g. Nawrot 2000］。

すでに接触状況や「魂の捕獲」における音楽の使用について述べてきたように、宣教師は先住民の音楽への適性に大いに感銘を受け、それを布教区へ移住したキリスト教徒の先住民にも利用してきた。イエズス会士は、ヨーロッパで作られた楽器や楽譜を揃え、音楽の専門的な訓練を受けた宣教師を連れてきていた。このようにして、同時代のヨーロッパのバロック音楽の潮流を移入して布教区で演奏された音楽を、「ミッション・バロック音楽」あるいは単に「ミッション音楽」と呼ぶ。そのレパートリーは、ミサ音楽や器楽音楽、劇音楽など多岐にわたる。それらは、ヨーロッパ社会で活躍していたアントニオ・ヴィヴァルディやアルカンジェロ・コレッリ、ピエトロ・ロカテッリの作品や、コルドバに赴任していたイエズス会士兼作曲家のドメニコ・ツィポーリ、チキトスの布教区に赴任したファン・メスネル神父やマルティン・シュミット神父の作品などから成る。特に、発見された楽譜の大部分が一七三〇年から一七六七年にかけてのシュミット神父の在任中に書かれたものであることがわかっており、彼の存在によって当地の音楽演奏の水準が急上昇したのだともされている。使われた楽器にはヴァイオリン、チェロ、クラリネット、ハープ、クラヴィコードやパイプオルガンなどがあり、一部はシュミット神父と先住民によって制作されていたようである。それぞれの布教区には子供のための音楽学校があり、音楽担当のマエストロ・デ・カピージャの指導下、楽器が学ばれた。その演奏の質については多くの宣教師が称賛している。ユリアン・クノグラー神父は、「音楽は、多くのヨーロッパ人が想像するよりすばらしいものです。〔中略〕すべての音楽家はその芸術の実践と理論を学校で学び、階名唱法を完璧に覚え、合唱の指揮者のように手で拍を刻みながらリズム感覚を磨いています」と述べている〔Knogler n.d.: 174〕。マルティン・シュミット神父も、「私の学校を出た子供達は、本物の音楽家です。来る日も来る日も歌い楽器を演奏しながら、ミサで主の栄光をたたえています。もしヨーロッパのある都市で演奏するようなことがあれば、すべての教会メンバーはみな驚きの気持ちでいっぱいになるに違いありません」と述べる〔Schmid 1744: 195〕。

図6　今日のサンタ・アナに現存するパイプオルガン（筆者撮影）

布教区における音楽の使用は、やはり先住民のキリスト教化に貢献するものと考えられていた。一日のスケジュールを区切る鐘の音や典礼ごとの音楽の種類によって、布教区の規律は構造化されていた〔cf. Wilde 2007; 2016〕。ユリアン・クノグラー神父が報告している祝祭日の「劇作品」の上演もその例である。彼によればその音楽劇は、『エウスタキオ』という先住民の改宗の物語で、音楽を学んでいる子どもたちによって上演されたという。物語は、主人公のエウスタキオと彼の家族が、狩の最中に鹿の角のあいだにイエス・キリストのイメージを見たのをきっかけに、キリスト教徒に改宗するというものである。こうした劇作品も共通語チキト語で歌われ、演じられており、先住民たちは神父にこれを何度も見たいと懇願したという〔Knogler n.d.: 180-181〕。

音楽を通したキリスト教的メッセージの伝達は、イエズス会士にとって、先住民の記憶を強化する上で役立つものとみなされていたようである。例えばパトリシオ・フェルナンデス神父によれば、シバカと呼ばれる先住民集団の新改宗者に彼らの言語で作られた讃美歌を歌わせたのは、「聞いた内容をより生き生きと覚えておけるようにするため」だったという［Fernández 1726: 180］。

信仰と典礼にまつわる事柄を記憶させることは、布教区での宣教活動において重要な課題であった。クノグラー神父によれば、平日は毎日、特に子供や新改宗者を教会に集め、チキト語で教理問答集の講義が行われた。そこでは、主の祈りや聖母マリアの祈りなどの定型的な発話を暗唱することに焦点が当てられていた。講義の後にはミサがある。ミサでは毎日合唱がなされるが、それは「実践を忘れないため」である。そうした歌やミサでの応唱、祈りなどにしても、ある程度の暗唱が求められるものであった。また大人も「一年に何回かは教理問答集の全文を読み上げなければならない」し、忘れた者は罰せられたという［Knogler n.d.: 175］。

その一方で、学校に通う一部の少年たちは、スペイン語やラテン語の読み書きを学びつつ、その意味するところを必ずしも理解していなかったという報告もある。

> ［中略］信奉者として教会で働くか聖歌隊で歌うことを任ぜられた少年たちは、我々がすべての布教区に設立した学校に通っています。ここで彼らは読み書きと作曲を学びます。また、彼らは三つの言語を読みます。つまり彼ら自身の言葉、ラテン語、スペイン語で、これらはいつもローマ字を使っています。しかし、彼らはチキト語以外の言語で書かれたテクストでは、自分がなにを読んでいるのかを理解しません。宣教師が食事をしているとき、少年たちは指定されたテクストを読み上げます。これは彼らが読む技能を身につけ、神父が［中略］その進捗を把握する機会となっているのです［Knogler n.d.: 156］。

以上みてきたように、チキトスの布教区における先住民のキリスト教化の過程は、どこでどのように生活し、何を信じ、何をどの言語で記憶するべきかという点にまで、イエズス会士による体系的・継続的な介入のなかで行われてきた。イエズス会士にとって内面への精査や干渉は、告解などの秘跡の授与や、キリスト教の教理を効果的に広める共通語と音楽の使用によって進められるべきものであった。布教区でのこのような生活は、一七六七年のイエズス会追放によって唐突に終わりを告げるが、これらの過程を通して、布教区に暮らす先住民は「チキトス」という名称のもと、名実ともにキリスト教徒の集団へと姿を変えていった。彼らは「チキト語」という、それ自体が多分にキリスト教的な要素を持つ言語を話し、教会暦に沿った規律ある生活を送るようになっていたのである。

おわりに——幼子イエスの歓待

本書では、一七世紀から一八世紀にかけてチキトス地方の先住民が経験した、キリスト教との接触の歴史を詳述してきた。そこからわかるのは、対面での相互行為のなかで両者が互いの慣習を模倣し合い、双方の実践が絶えず歩み寄っていく過程であった。そのようにして布教区で確立されていったキリスト教徒としての生活様式は、カトリックの普遍的な特徴を確かに受け継ぎつつも、同時にチキトス地方の固有性を反映するものでもあった。こうした歴史を通して、カトリック的なものとチキトス的なものは、当地においてほとんど見分けることが不可能なまでに、一体となったのである。

本書の冒頭で示した楽器の起源についての「説教」も、正統的な聖書解釈からの逸脱としてではなく、以上のような背景において理解されなければならない。かの一節は、チキトス地方の人々が今日生きる、カトリックの「守護聖者祭」との関係で語られたものといえるであろう。

チキトス地方のすべての布教区は、それぞれカトリックの聖人の名を冠し、その人物を守護聖者としている。例えば、サンタ・アナの布教区の聖人は聖母マリアの母の聖アンナで、したがって住人は、その祝祭日である七月二六日に「守護聖者祭」を祝う。またサン・イグナシオの布教区の聖人はイエズス会創立者の聖イグナティウス・デ・ロヨラで、守護聖者祭は七月三一日となる。今日、守護聖者祭の日になると、各共同体の住人は祭の主催者として、近隣の共同体に暮らす隣人を招待する。人々はこの関係性について、「主人」と「訪問客」の語で説明する。

「主人 *dueño*」というスペイン語の単語は、物や不動産、人的資源などの所有者という一般的な意味を持つ一方で、守護聖者祭の文脈で用いられる場合、それは祭を主催する共同体の住人をあらわす。

一方、「訪問客 *poosoca*」という語はチキタノ語（ミッション時代に「チキト語」と呼ばれていた先住民言語の今日の呼称のひとつ）で、守護聖者祭の文脈では「主人」と対比的に用いられる。この語には、「家」をあらわす *poo-s*、ないし「家を持つ者」をあらわす *poo-so* という語根が含まれている。したがって、複数形の接尾辞 *-ca* を伴う *poosoca* とは、「家を持っている者たち」、すなわちその家から訪ねてきてくれた者たちの意になる［cf. Tomichá Charupá 2002: 306; Pacini 2012: 151］。

今日、守護聖者祭を開催する主人は、祭にやってくる訪問客のために十分な食物とチチャを用意し、音楽を奏でて彼らを盛大に歓待しなければならない。そして訪問客は、振舞われた食物を残さず食べ尽くし、チチャを一気に飲み干し、音楽に合わせて踊るのである。

食物とチチャ、そして音楽によって歓待する主人と、それを消費する訪問客。この関係性は、かつてイエズス会士によって模倣された、チキトスの先住民同士の歓待と饗宴の慣習を想起させるものである。守護聖者祭を軸としたこの関係性は、実際に今日のチキトス地方の人々によって、イエズス会時代に端を発するものとして語られている。

この関係性は、今日もチキトス地方の人々の社会生活のあらゆる面に通底している。そうであるとすれば、かの東方三賢人の「説教」が語っていたのは、生まれたばかりのイエス・キリストを「訪問客」として、音楽を奏でながら歓待し受け入れた、「主人」としてのチキトス地方の人々自身の姿だったのではないだろうか。それは、今日のチキトス地方の人々がキリスト教化の歴史をいかにとらえているのか、その片鱗を窺わせてくれるものなのである。

注

（1）チキトスのイエズス会布教区のうち、ミッション時代の教会建築を生かしつつ改築された六つの町が、一九九〇年ユネスコの世界遺産に登録された。

（2）この表現は、植民地時代のスペイン領およびポルトガル領において広く用いられていた［cf. Wilde 2016: 63; ヴィヴェイロス・デ・カストロ　二〇一五：一六、一五六　訳注（三）］。

（3）フェルナンデス神父などのイエズス会士はマナシ変種をチキト語の一変種と考えているが、のちの研究者によってチャパクラ語との関連もたびたび指摘されている［e.g. Tomichá Charupá 2002; Martínez 2015: 243］。

（4）今日のチキタノ語で「ペマナシュ *peemanax*」は「食物」の意。現在のチキトス地方でもチチャは日常的に飲まれている。ただし、今日の当地におけるチチャは咀嚼の工程を省略することも多く、その場合アルコール分はないか微量である。

参考文献

〈未刊史料〉

Biblioteca Nacional de España（スペイン国立図書館）
　Mss/20612. Liturgia, confesionario y catecismo para uso de los jesuitas en las misiones de los indios chiquitos de Concepción y San Miguel [Manuscrito].

〈既刊史料（日本語）〉

アコスタ、ホセ・デ
　一五八八（一九九二）『世界布教をめざして』（アンソロジー新世界の挑戦一一）青木康征訳、東京：岩波書店。

アウグスティヌス
　二〇一二『告白録』宮谷宣史訳、東京：教文館。

日本聖書協会

一九八七、一九八八 『聖書　新共同訳』東京：日本聖書協会。

〈既刊史料（外国語）〉

Adam, Lucien y Victor Henry

1880 *Arte y vocabulario de la lengua chiquita.* Paris: Libraire-Editeur J. Maisonneuve.

Burgés, Francisco

1703[2008] Memorial sobre las misiones de los chiquitos. En Tomichá Charupá, Roberto, *Francisco Burgés y las misiones de Chiquitos: el memorial de 1703 y documentos complementarios,* pp.85-130. Cochabamba: Editorial Verbo Divino.

Caballero, Lucas

1706[1933] *Relación de las costumbres y religión de los indios Manasicas.* Madrid: Librería general de Victoriano Suárez.

Chomé, Ignacio

1738[1753] Carta del P. Ignacio Chome, missionero de la Compañia de Jesus: al padre Pedro Vanthiennen, de la misma Compañia. En Davin, Diego, *Cartas edificantes y curiosas, escritas de las missiones estrangeras, por algunos missioneros de la Compañia de Jesus,* Vol. XIV, pp.242-246. Madrid: La Viuda de M. Fernandez.

Fernández, Patricio

1726[2004] *Relación historial de las misiones de los indios que llaman Chiquitos.* Santa Cruz de la Sierra: Universidad Privada de Santa Cruz de la Sierra.

Knogler, Julián

n.d. [1979] Relato sobre el país y la nación de los Chiquitos. En Hoffmann, Werner, *Las Misiones jesuiticas entre los Chiquitanos,* pp.121-185. Buenos Aires: Fundación para la educación, la ciencia y la cultura.

Matienzo, Javier, Roberto Tomichá, Isabelle Combès y Carlos Page (eds.)

2011 *Chiquitos en las anuas de la Compañía de Jesús (1691-1767).* Cochabamba: Editorial Itinerarios.

Muratori, Lodovico Antonio

1743 *Il cristianesimo felice nelle missioni de' padri della Compagnia di Gesù nel Paraguai.* Venezia: Giambatista Pascuali. https://archive.org/details/bub_gb_o4MRlQH7fLcC（二〇一八年七月一四日閲覧）

Muriel, Domingo

1766[1955] Breve noticia de las Missiones vivas de la Compañía de Jesús en la Provincia del Paraguay. En Furlong, Guillermo, *Domingo Muriel, S.J. y su Relación de las Misiones,* pp.130-218. Buenos Aires: Librería del Plata S.R.K.

D'Orbigny, Alcides

1945 *Viaje a la América Meridional: Brasil, República del Uruguay, República Argentina, La Patagonia, República de Chile, República de Bolivia, República del Perú, realizado de 1826 a 1833,* Vol. III. Buenos Aires: Editorial Futuro.

Sánchez Labrador, José

1770[1910] *El Paraguay Católico,* Vol. II. Buenos Aires: Imprenta de Coni Hermanos.

Schmid, Martin

1744[1979] Deberes de un misionero y tareas especiales encargadas al P. Schmid. En Hoffmann, Werner, *Las Misiones jesuiticas entre los Chiquitanos,* pp.194-195. Buenos Aires: Fundación para la educación, la ciencia y la cultura.

1761[1981] Carta enviada desde la reducción de San Juan, en las misiones de los chiquitos, el 28 de septiembre de 1761, al ilustrísimo señor Francisco Silvano Schmid en Baar, cerca de Zug. En Hoffmann, Werner, *Vida y obra del P. Martin Schmid S.J. (1694-1772): misionero suizo entre los chiquitanos, músico, artesano, arquitecto y escultor,* pp. 148-154. Buenos Aires: Fundación para la educación, la ciencia y la cultura.

The Council of Trent

1848 *The Canons and Decrees of the Sacred and Oecumenical Council of Trent.* Waterworth, James (trans.). London: Dolman.

〈日本語文献〉

伊藤滋子

二〇〇一 『幻の帝国——南米イエズス会士の夢と挫折』東京：同成社。

岡田裕成・齋藤晃

二〇〇七 『南米キリスト教美術とコロニアリズム』愛知：名古屋大学出版会。

齋藤晃

二〇〇二 「福音の言語——新大陸におけるイエズス会の言語政策」杉本良男編『福音と文明化の人類学的研究』（国立民族学博物館調査報告）、第三一巻、九九—一三四頁。

二〇〇三 「戦争と宣教——南米イエズス会ミッションの捕食的拡大」『国立民族学博物館研究報告』第二八巻、二二三—

二五六頁。
二〇〇九　「スペイン領南米における先住民共和国の創設」川村信三編『超領域交流史の試み――ザビエルに続くパイオニアたち』一一一―一六四頁、東京：上智大学出版会。
鈴木広光
二〇一六　「言語政策と言語普遍」国立民族学博物館共同研究「近世カトリックの世界宣教と文化順応」での報告、国立民族学博物館、二〇一六年一〇月一日。
武田和久
二〇〇九　「一七世紀中期パラグアイにおけるグアラニー語教理問答書についての論争史」川村信三編『超領域交流史の試み――ザビエルに続くパイオニアたち』三八三―三九五頁、東京：上智大学出版会。
豊島正之
二〇〇五　「補論　言語普遍の系譜」真島一郎編『だれが世界を翻訳するのか――アジア・アフリカの未来から』一〇三―一一六頁、京都：人文書院。
ヴィヴェイロス・デ・カストロ、エドゥアルド
二〇一五　『インディオの気まぐれな魂』近藤宏・里見龍樹訳、東京：水声社。

〈外国語文献〉
Combès, Isabelle
2012　Susnik y los gorgotoquis: efervescencia étnica en la Chiquitania (Oriente boliviano). *Indiana.* 29: 201-220.
Falkinger, Sieglinde
2002　Diferencias entre el lenguaje de hombres y mujeres en Chiquitano (Besiro). *Indigenous Languages of Latin America.* 3: 43-55.
Kaneko, Ami
2016　Diferencia de habla entre hombre y mujer: transformación del significado meta-pragmático sobre la indicialidad de género en el idioma chiquitano. María Laura Salinas y Fátima Victoria Valenzuela (eds.) *Actas de las XVI jornadas internacionales sobre las misiones jesuíticas,* pp. 132-149. Resistencia: Instituto de investigaciones geohistóricas.
Krekeler, Birgit
1993　*Historia de los Chiquitanos.* Santa Cruz de la Sierra: APCOB.

Loza de Guggisberg, Roxana

2006 En busca de una estética originaria: la Misa Encarnación del Archivo Musical de Chiquitos. *Musicologica.* 78(2): 235-260.

Martínez, Cecilia

2015 Tapuy miri, chiquitos, chiquitanos: historia de un nombre en perspectiva interétnica. *Bulletin de l'Institut français d'études andines.* 44(2): 237-258.

Métraux, Alfred

1948 Tribes of Eastern Bolivia and the Madeira Headwaters. In Part 2. "The Tribes of Mato Grosso and Eastern Bolivia". In Steward, Julian H. (ed.) *Handbook of South American Indians,* Vol. 3: The Tropical Forest Tribes, pp. 381-453. Washington, DC: Smithsonian Institution.

Nawrot, Piotr

2000 *Indígenas y cultura musical de las reducciones jesuíticas,* Vol. 1. Cochabamba: Editorial Verbo Divino.

O'Malley, John W.

1993 *The First Jesuits.* Cambridge, Massachusetts, London: Harverd University Press.

Pacini, Aloir

2012 Um perspectivismo ameríndio e a cosmologia anímica chiquitana. *Espaço Ameríndio.* 6(2): 137-177.

Querejazú, Pedro (ed.)

1995 *Las misiones jesuíticas de Chiquitos.* La Paz: Fundación BHN, Línea editocial.

Saito, Akira

2006 Art and Christian Conversion in the Jesuit Missions on the Spanish South American Frontier. 杉本良男編『キリスト教と文明化の人類学的研究』（国立民族学博物館調査報告）62: 171-201.

Saito, Akira y Claudia Rosas Lauro (eds.)

2017 *Reducciones: la concentración forzada de las poblaciones indígenas en el Virreinato del Perú.* Fondo Editorial Pontificia Universidad Católica del Perú, National Museum of Ethnology in Osaka..

Santamaría, Daniel J.

1986 Fronteras indígenas del oriente boliviano: la dominación colonial en Moxos y Chiquitos, 1675-1810. *Boletín Americanista.* 36: 197-228.

Strack, Peter

1992 *Frente a dios y los pozokas: las tradiciones culturales y sociales de las reducciones jesuíticas desde la conquista hasta el presente: fiesta patronal y Semana Santa en Chiquitos.* Bielefeld: Verlag für Regionalgeschichte.

Susnik, Branislava

1978 *Los aborígenes del Paraguay,* Vol. 1: Etnología del Chaco Boreal y su periferia (siglos XVI y XVIII). Asunción: Museo etnográfico Andrés Barbero.

Tomichá Charupá, Roberto

2002 *La primera evangelización en las reducciones de Chiquitos, Bolivia (1691-1767): protagonistas y metodología misional.* Cochabamba, Editorial Verbo Divino.

Wilde, Guillermo

2007 Toward a Political Anthropology of Mission Sound: Paraguay in the 17th and 18th Centuries. *Music and Politics.* Translated by Eric Ederer. 1(2): 1-29.

2016 *Religión y poder en las misiones de guaraníes.* Buenos Aires, México, Madrid: Editorial SB.

関係年表

	スペイン領南米およびチキトス地方	その他キリスト教世界
1492		クリストバル・コロン、アメリカ大陸に到達
1517		マルティン・ルター、教会批判を行う
1534		イエズス会創立
1537	アスンシオン建設	
1542	ドミンゴ・マルティネス・デ・イララによるパンタナル周辺の探検（-1543）	
1543	アルバル・ヌニェス・カベサ・デ・バカによるパンタナル周辺の探検（-1544）	
1545		トリエント公会議（-1563）
1549		フランシスコ・ザビエル、日本に到達
1556		スペイン王フェリペ二世即位
1557	ニュフロ・デ・チャベスによるグアパイ川周辺地域の探検（-1559 年）	
1561	旧サンタ・クルス・デ・ラ・シエラ建設	
1569	フランシスコ・デ・トレド、ペルー副王に就任し集住化政策を推進（-1581）	
1580		フェリペ二世、ポルトガル王を兼ねる（-1640）
1582	第三回リマ公会議（-1583）	
1587	イエズス会、旧サンタ・クルス・デ・ラ・シエラで活動（-1621）	日本で伴天連追放令
1588		スペインの無敵艦隊、イギリスに敗北
1621	旧サンタ・クルス・デ・ラ・シエラの移転が完了	スペイン王フェリペ四世即位
1691	サン・ハビエルの布教区建設	
1696	サン・ラファエルの布教区建設	
1697	サン・ホセの布教区建設	
1699	サン・フアン・バウティスタの布教区建設	
1701		スペイン王位継承戦争（-1713 ユトレヒト条約）
1709	コンセプシオンの布教区建設	
1721	サン・ミゲルの布教区建設	
1748	サン・イグナシオの布教区建設	
1750		スペインとポルトガル、マドリード条約を締結し南米植民地の境界を画定
1754	サンティアゴの布教区建設	
1755	サンタ・アナの布教区建設	
1760	サント・コラソン・デ・ヘススの布教区建設	
1767		スペイン、ポルトガルとフランスに続きイエズス会を追放

あとがき

チキトス地方のキリスト教に関する民族誌的調査のために、2年間現地に滞在した。そのなかで、人々自身がイエズス会ミッション時代やキリスト教化の歴史について、あるときには「説教」や音楽のなかで、またあるときには歴史学者による文献を参照しつつ、たびたび語ることに気がついた。南米の低地先住民といえば、かねてより歴史なき静止した神話世界を生きる人々として想像されがちである。しかしチキトス地方の人々は、自らのあり方の根幹をなすものとして歴史をとらえていた。そこで筆者は、当地におけるイエズス会士と先住民の接触の歴史と、人々自身による歴史の語りとを組み合わせることで、本書の執筆を構想した。それが、ミッションという過去を持つチキトス地方に縁しその民族誌に取り組んできた筆者になしうる、最良の方法と思われたからである。

本書の刊行にいたるまでには、多くの研究者の方々からのご指導・ご鞭撻をいただいた。2011年よりご指導いただいている東京大学教授の渡邊日日先生には、本書の執筆に際し貴重なアドバイスをいただいた。また、本書の草稿にコメントをいただいた明治大学の武田和久先生に、心から感謝の意を表したい。そして、本書の執筆という試練を乗り越えてきた同期の皆さま、出版の機会をいただいた風響社の皆さまにも厚く御礼申し上げる。

本書は、2014年2月から2016年1月にかけて行った南米ボリビアのサンタ・クルス県サン・イグナシオ市とサンタ・アナ村を中心とする2年間の民族誌的調査と、2017年12月から2018年1月にかけて行ったスペインでの文献・史料調査にもとづいて執筆された。上記調査は、松下幸之助記念財団、澁澤民族学振興基金、日本学術振興会科学研究費助成事業の助成を受けて行われたものである。

最後に、筆者に研究の機会を与えてくださった現地の皆さまへの感謝を記し、結びとしたい。

著者紹介

金子亜美（かねこ　あみ）

1988 年、千葉県生まれ。

東京藝術大学音楽学部楽理科卒業、東京大学大学院総合文化研究科超域文化科学専攻文化人類学コース修士課程修了、同博士課程在籍。修士（学術）。

宇都宮大学国際学部助教。

主な業績として、「指標的記号形態としての音の研究に向けて：シルヴァスティンのコミュニケーション理論に基づく試論」（『音楽学』60 巻 1 号 , pp.14-29, 2014 年）、“Diferencia de habla entre hombre y mujer: transformación del significado meta-pragmático sobre la indicialidad de género en el idioma chiquitano.”（María Laura Salinas y Fátima Victoria Valenzuela (eds.) *Actas de las XVI jornadas internacionales sobre las misiones jesuíticas.* Resistencia: Instituto de investigaciones geohistóricas, pp.132-149, 2016 年）などがある。

宣教と改宗　南米先住民とイエズス会の交流史

2018 年 10 月 15 日　印刷
2018 年 10 月 25 日　発行

著 者　金 子 亜 美

発行者　石 井　雅

発行所　株式会社　風響社

東京都北区田端 4-14-9（〒 114-0014）
Tel 03（3828）9249　振替 00110-0-553554
印刷　モリモト印刷

　ISBN987-4-89489-407-5　C0022